# 축제와 평화

박정진 지음

새로운 세상의 숲
**신세림출판사**

# 축제와 평화

박정진

박정진 지음

# |차|례|

축제와 평화

# 서 문

인간은 왜 축제를 벌이는 것일까. 원시고대인들은 축제를 생활의 전부라고 할 정도로 중하게 여겼다. 제정일치시대에는 하늘에 제사를 지내는 것이 정치의 대종을 이루었다. 가부장국가사회로 전환하고부터 의식주를 해결하는 현실정치가 제사보다 비중을 높였다고 하지만 그래도 제사와 축제는 인간 삶의 원형처럼 오늘날까지 전해왔다.

축제는 왜 인류에게 평화를 잠시나마 가져다주는가. 축제 속에서도 경쟁과 게임은 있기 마련이고, 승패를 겨루지만, 이상하게도 축제는 승패를 역사적 지배-피지배로 나아가게 하는 것이 아니라 축제참가자들로 하여금 하나 되게 하는 힘을 지니고 있다. 축제는 본래존재를 깨닫게 하는 신비한 힘이 있다. 축제는 세계인으로 하여

금 하나 되는 하는 힘이 있다. "하나 되는 것이 하나님이다."를 깨닫게 한다.

인간의 원형은 '종교적 인간'(Homo Religiosus)이라 볼 수 있을 것이다. 축제는 바로 여기에 그 뿌리를 두고 있다. 축제, 제전은 오늘날 종교가 주로 담당하고 있지만, 문화예술체육행사의 상당부분이 축제적 성격을 지니고 있다.

제사는 희생물을 신에게 바치는 의식이다. 아즈텍인들의 희생제의(犧牲祭儀)는 살아있는 인간을 제물로 바친 것으로 알려져 있다. 고대인들은 살아있는 인간을 제물로 바치는 것을 신성시했던 적이 있다. 인간희생 대신에 다른 희생물 혹은 상징물을 제물로 대체한 것은 훨씬 후대의 일이다.

올림픽제전만 하더라도 실은 경기의 승자를 신(제우스신)에게 바치는 상징적인 행사였다. 승자를 바치는 것이 평화의 증진에 도움이 된다는 사실은 신비롭기만 하다. 역사에서는 승자가 지배자가 되고, 패자를 죽이거나 노예로 부리던 것이 예사였다. 그런데 스포츠제전에서는 그 반대이다. 바로 여기에 축제가 평화에 기여하게 되는 숨은 묘미가 있다.

기독교는 예수의 희생을 바탕으로 세계적인 종교로 성장한 종교이다. 바로 희생과 평화를 가장 극적으로 보여주는 대표사례이다. 서양사에서 중세는 기독교의 로마교황청이 현실정치를 좌지우지하기도 하였지만 각종 종교단체들은 정치의 이면에서 인간의 성스러움을 위해 기여하고 있다.

세계가 평화로울 때는 각종 문화예술체육축제가 세계 곳곳에서 벌어진다. 축제는 평화의 상징이다. 축제는 일상에서 생긴 갈등과 긴장을 풀어주고, 신체적 접촉과 함께 자연스러운 소통과 교감을 통해 경쟁과 전쟁욕구를 해소함으로써 대리만족을 주기도 한다. 올림픽경기와 월드컵은 국가경쟁과 평화의 이중성을 동시에 달성하는 상징적 기제로 작용한다.

오늘날도 올림픽 기간 중에 국지전쟁을 피하는 경향이 있다. 세계인의 비난과 비판을 감수해야 하기 때문이다. 역으로 세계적인 전쟁이 일어나면 올림픽은 취소되기도 하였다. 1, 2차 세계대전 중에 올림픽이 열리지 않았던 것은 좋은 예가 된다. 제6회 베를린올림픽(1916년)은 제1차 세계대전으로 무산되고 말았다. 제12회 헬싱키올림픽(1940년)과 제13회 도쿄올림픽(1944년)은 제2차 세계대전으로 무산됐다.

전쟁과 올림픽은 양립할 수 없음을 잘 보여 주었다. "전쟁이 있으면 올림픽이 없다"는 사실은 올림픽이 평화의 제전임을 웅변하고도 남음이 있다. 모스크바 올림픽과 LA 올림픽은 동서냉전으로 인해 반쪽 올림픽이 되었다. 어느 경우이든 올림픽과 평화가 상관관계가 있음을 말해주고 있다. 88 서울올림픽은 LA 올림픽에 뒤이어 개최되었음에도 동서가 화합한 올림픽으로 평화의 상징이 되었다.

서울올림픽은 한국이 구소련을 비롯한 동구권과 외교 관계를 트는 등 '세계 속의 한국'이 되는 계기가 되었다. 서울올림픽 이후 냉전체제가 해체되기 시작한 것도 특기할 만하다. 다음 해(1989년)에 베를린장벽이 붕괴되었다. 한국의 발전을 본 동구권국가들은 자유의 물결을 타고 공산위성국에서 벗어났다. 소련마저도 개혁개방정책에 따라 해체되고(1991년), 러시아연방의 성립과 함께 소비에트체제에 속했던 많은 나라들이 독립했다. 축제의 힘은 크다.

일찍이 이러한 축제와 평화의 가치에 많은 관심과 활동을 해온 세계평화통일가정연합(통일교)은 88 서울올림픽과 2002 한-일 월드컵을 전후해서 세계적인 프로클럽축구대회인 '원구(圓球)피스컵(Peace Cup)대회'를 창설하고, 일화천마축구단을 창립하고, 브라질 소로카바 프로축구팀을 인수하는 등 세계적인 축제의 계절에 성공적으로 참여함으로써 세계평화의 첨병역할을 하였다.

2022년 11월 20일부터 카타르 월드컵이 열릴 예정이다. 하지만 러시아-우크라이나 전쟁으로 우려의 목소리도 들린다. 이처럼 축제와 전쟁은 양립하기 어렵다. 이제 우리는 인간의 이기심과 폭력(성)을 해소하는 축제와 평화, 평화와 축제의 선순환을 잘 활용하여 인류의 공멸을 막고 지구촌평화를 지켜나가는 일에 함께 해야 할 것이다. 공생(共生)·공영(共榮)·공의(共義)의 세계를 만들어가는 우리는 모두 지구촌 한 가족이다.

2022년 11월 17일
THINK TANK 2022 정책연구원에서 **박정진**

# 축제(祝祭)의 평화적 성격

# 제 1 장

## 축제(祝祭)의 평화적 성격

### 1. 그리스 고대올림픽의 축제적 성격

〰️ 고대 그리스는 유럽에서 가장 먼저 문명화된 땅이다. 기원전 2000년 전 인도유럽인이 남하하면서 펠로폰네소스 반도에 정착해서 미케네 문명을 이룩하였다. 기원전 1200년경 북방의 도리아인들이 정착하면서 서방문화를 대표하는 찬란한 그리스문화를 만들었다. 즉 그리스문화는 미케네 문명을 바탕으로 도리아인들이 발전시킨 문화라 볼 수 있다. 고대 그리스문명은 조각,

시, 건축, 음악, 역사, 과학, 연극, 철학, 체육 등을 포함한 풍부한 문화적 유산을 후세에 남겼다.

또한 그리스는 통일된 국가를 형성하지 못하고 부족과 씨족을 중심으로 도시국가(Polis, 폴리스)들을 형성하고 있었으며, 절대적인 힘의 우위를 차지하는 국가의 부재가 도시국가 간에 빈번한 전쟁을 가져오게 되었다. 특히 빈번한 전쟁에서 자국의 강한 군사력을 필요로 하였을 뿐만 아니라 각 국가들은 젊은이들의 신체단련을 통하여 군사력 증강을 하였던 것이다.

그리스의 호머가 쓴 『일리아드』와 『오딧세이』에는 초기 그리스사람들의 생활상이 매우 정확하게 기록되어 있다. 또한 두 편의 서사시에 근거하면 기원전 13세기경의 그리스사회에서 체육과 운동경기는 보편적인 생활양식이었다.

아킬레스가 트로이전쟁에서 숨진 페트로클로스 전사를 추모하는 제례경기가 바로 스포츠제전의 출발이었다고 한다. 제례경기의 경기종목을 보면 전차경기, 권투, 레슬링, 판크라치온, 달리기, 도약, 투창, 투원반 등이었다. 기원전 708년 대회 때부터 고대 5종경기와 레슬링이 도입되었다. 고대 5종 경기는 근대 5종경기와 마찬가지로 군사훈련을 염두에 두고 도입된 경기로 멀리뛰기·투창투원반, 단거리경주, 원반던지기·레슬링 등이 포함되었다.

아테네와 스파르타 등 3백여 개의 도시국가로 형성된 그리스는 민족의 단결과 화합을 위해 도시국가 간에 경기 대회들(Inter-State Athletic Festivals)을 다양한 형태로 여러 곳에서 개최하였다. 당시 그리스 전역에서 행해진 독자적 지방 경기는 150개가 넘는다고 한다.

<도표1> 그리스 고대도시국가

| 고대 아테네 | 고대 스파르타 |
|---|---|
| 고대 그리스 아티카 중심 | 고대 그리스 라코니아 평야 |
| 민주정치를 가장 먼저 실현한 도시국가 | 비옥한 농토를 배경으로 도시군사국가 |
| 학문과 예술의 중심지 | 엄격한 병영적 청년교육 |
| 전인적 인격형성(신체교육) | 여성체육도 장려 |

그리스 전역에서 개최된 독자적인 지방경기는 약 150개였으며, 그 중에서 4대 경기제전은 최고 영예로운 대회였다. 올림피아 경기제전, 피티아 경기제전, 이스트미아 경기제전, 네미아 경기제전 등이 그것이다. 이들 4개 대회는 '범 그리스 제전'(Panhellenic Festivals)이라 불리었다.

**성화 채화:** 서울올림픽을 위해 그리스 헤라신전에서 수석여사제 카테리나 디다스칼루에 의해 채화된 성화가 고대올림픽 경기장으로 옮겨지기 직전 모습이다.

<도표 2> 축제의 종류

| 제전 이름 | 장소, 개최연도 | 승리관의 종류 |
|---|---|---|
| 올림피아(Olympia)<br>주신: 제우스<br>기원전 776~ 393 | 엘리스<br>올림피아드/<br>제 1년 8월 4년마다<br>열림 | 올리브<br>잎으로 만든<br>승리관 |
| 피티아(Pythia)<br>주신: 아폴로<br>기원전 585~불확실 | 델피<br>올림피아드/<br>제 3년 8월 4년마다<br>열림 | 월계수<br>잎으로 만든<br>승리관 |
| 이스트미아(Isthmia)<br>주신: 포세이돈<br>기원적 581~불확실 | 코린트(Corinth)<br>이스트모스(Isthmos)<br>올림피아드/<br>제 2년과 제 4년 4월 | 파슬리의<br>건조된<br>잎으로<br>만든 관 |
| 네미아(Nemia)<br>주신: 제우스<br>기원전 573~불확실 | 네미아의 필리스<br>올림피아드/제 2년과<br>제 4년 7월 | 파슬리의<br>신선한<br>잎으로<br>만든 관 |

스포츠제전들은 도시국가 간의 갈등을 해소하는 제전으로 작용했으며, 제전 기간에는 전쟁을 휴전하도록 유도했다. 말하자면 스포츠제전은 평소에는 전쟁의 대리

효과가 있었으며, 전쟁 중에는 한시적이나마 평화를 지키도록 만드는 문화장치로 작용했다.

스포츠경기 대회는 각 도시국가의 다양한 사회, 정치, 문화 등의 차이를 넘어 모두가 그리스인이라는 동질감을 줄 수 있는 사회와 정치적으로 중요한 의미를 가지고 있었다. 오늘날 근대올림픽은 각 나라의 국가순위결정을 통해 정체성을 확인하는 계기가 되기도 하지만 동시에 지구촌이 한 가족이라는 동질감을 심어주기도 한다.

## 2. 제의적 상징체계로서의 스포츠

       희생제의(犧牲祭儀)을 뜻하는 'sacrifice'는 '성스럽다'를 의미하는 'sacer'와 '만들다'를 의미하는 'facere'가 조합된 라틴어 단어 'sacrificium'을 어원으로 한다. 희생제의에는 무언가를 성스럽게 하는 행위라는 의미가 들어있다. 희생제의는 희생제물을 매개로 하여 실현되는 세속과 신성의 커뮤니케이션이다. 따라서 희생제물이 무엇인가에 따라서, 또 그것을 어떻게 처리하는가에 따라서 제의의 성격이 달라진다.

   희생제의는 제물에 성스러움을 응축하고 다시 이 성스러움을 희생 주체나 특정 대상에게 전달하는 것을 목적으로 한다. 즉 희생제의는 제물을 통해 성스러움을 생산하고 관리하고 분배하는 역할을 수행한다. 더욱이 희생제의는 성스러움 만들기에서 그치는 것이 아니라 성스러움을 효과적으로 전달하고 전파하는데 더 많은 관심을 갖는다. 이러한 관점에서 스포츠제전을 '신체 에너지의 의례적인 희생제의'라고 정의한 데이빗 센손의 주장은 같은 맥락으로 받아들여진다(이창익 2004: 61).

김복희는 특히 고대그리스 올림피아제전 경기의 창설 목적을 사회적 위기를 극복하는 중요한 메커니즘의 역할에 주목하였다. 즉 올림피아제전 경기가 창설되기 전 전염병이 발생하고 전쟁으로 사람이 다수 죽게 되자 제전 경기를 창설하여 전쟁을 중지하게 함으로써 사회적 위기를 해소했다. 이러한 고대 올림피아의 영역에서는 신은 사회적 영역이었으며, 희생 주체는 관객으로 설정하고 희생제물은 운동선수라고 하는 제각각 역할 분담이 이루어져 있다.

희생제의는 사회적 위기를 극복하고 도시국가 간의 결속을 강화하며 신과 인간의 매개자를 통해서 신성화된 제물들은 다시 숭배자들에게 부활의 양상으로 환원되는 순환적 사회구조를 이루고 있음을 이해할 수 있다. 이러한 제례 행사에서 운동선수들은 희생제물이 되기 위해서 가장 우수하다는 것을 인정받아야 했다. 물론 우승한 선수는 제물의 가치가 입증되었다. 따라서 우승한 선수는 몸을 양털 실타래로 장식하고 올리브 관을 썼으며 신들의 대리인으로서 희생제물에 점화하는 영광이 주어지기도 했음을 알 수 있다(김복희 2010: 67-82).

전통적으로 종교개혁이 이루어지기 이전에는 모든 신화와 종교는 몸의 기호(記號)가 신앙체계를 이룬 주된 기제였다. 이러한 신체기호는 일상생활에서 발생하는 신체 활동이 아닌, 매우 정제되고 의미가 부여된 움직임을 대상으로 하였다. 신에 대한 경배법이나 교회·성당과 같은 신성한 장소에서의 극히 제한적이고 권위와 위엄이 부여된 신체 행위를 통해 공동체적 연대감을 공유하는 의미에서 신체 행위는 매우 중요한 기제로 해석할 수 있다.

이러한 몸짓에 의한 의례는 중세에 쇠퇴하였다. 말(언어)과 경전에 의존하는 기도와 성서중심주의는 종교의 정신화(Spiritualization)와 내면화(Interiorisation), 그리고 종교의 개인화(Individualisation)를 가져왔다. 그 결과 종교적인 활동은 현실공간보다는 내면공간으로, 종교의 단위도 집단에서 개인으로 전환되었다. 이러한 변화는 신체의 암흑기인 중세의 수도원에서 심하였다. 당시 철저한 금욕주의에 의해 신체를 억압하는 교육이 강조되었다.

본래 금욕주의라는 뜻을 가진 영어 단어 'asceticism'의 어원은 그리스어 'askesis'이다. 이 말은 군인과 운동선수의 육체적인 훈련을 의미한다. 금욕주의는 몸의 훈련, 즉 몸의 테크닉을 통한 구원이라는 관념을 중심으로 한다. 금욕주의는 몸의 훈육을 통해 정신을 성스럽게 조형하는 것이다. 이때 몸은 정신의 거울이 되며 몸의 테크닉은 항상 정신의 테크닉을 의도한다. 세속적인 몸은 욕망으로 뒤엉켜 있는 것이어서 성스러움을 감당할 수 없다. 따라서 인간이 성스러움에 참여하기 위해서는 인간의 몸을 먼저 성스럽게 만들어야 한다.

금욕주의에서는 몸의 성스러움은 정신의 성스러움과 등가적인 것이다. 그러나 종교개혁을 거치면서 몸의 테크닉은 정신의 테크닉과 분리되었다. 즉 몸의 테크닉은 세속의 영역에, 정신의 테크닉은 신성의 영역에 할당된 것이다. 그러므로 중세의 금욕주의는 프로테스탄트 종교개혁과 무관한 것은 아니며 외부 세계보다는 내부 세계를 중시하는 이러한 분위기 속에서 그리스도교는 서서히 자신을 순수한 의식의 종교로 정신화 시켜 나갔던 것이다(이창익 2004: 27).

이러한 금욕주의의 신체에 대한 인식은 르네상스와 계몽주의적 인식체계를 거치면서 점차 세속화되어 점차 교육체계로서 자리를 잡아갔다. 특히 독일의 트루젠 (Trugen)운동은 이러한 신체를 통한 강력한 국가 건설을 위한 교육 시스템을 구축하는 데 매우 중요한 역할을 하게 되었다.

서구 유럽의 이러한 신체 발달 및 세속화는 근대올림픽 경기라는 커다란 유럽중심주의를 잉태하게 되었다. 올림픽은 시대를 초월한 인류유산이라고 할 수 있다. 고대 그리스인들이 발전시켰던 아곤(Agon)과 아레테 (Arete)는 올림픽 정신의 가장 중요한 구성요소로서 지속 되었다. 근대 스포츠의 출발점을 제공한 윌리암 페니 브룩스(Wiliam Penny Brooks)와 피에르 드 쿠베르탱, 그리고 자파스(Evanggelos Zappas)는 올림픽을 통해 그리스 헬레니즘의 이상적인 신체를 세계화하고자 했다. 브룩스는 고대그리스 체육인들이 추구했던 정신, 신체, 그리고 영혼 발달에 대한 인식에 주목하였고, 1850년 웰락올림픽학파를 조직하여 사람들의 도덕, 신체 그리고 지성 발달을 증진하고자 하였다. 또한 쿠베르탱과 국제올림픽위원회(IOC)는 원반던지기 같은 경기를 부활시켰고, 전설을 토대로 마라톤 경기를 새로이 발명했다. 고대에는 없던 역도·펜싱·조정·사이클링 같은 유럽적인 경기를 새로 추가했다. 올림픽이 행한 가장 중요한 역할 가운데 하나는 기록(record), 승리(victory)라는 요소를 스포츠에 도입한 것이다(로버트 A. 메키코프·스티븐 G. 에스테스 2005: 405-411).

그러나 현재의 유럽을 중심으로 하는 스포츠경기는 기계론적 신체관에 근거한 체육의 전개 양상으로 변질되었으며, 실제로 과도한 경쟁과 승리 지상주의, 또는 결과 우선주의라는 폐단과 함께 몸으로서 존재하는 우리 인간의 순수한 인간성을 상실시키는 현상에 이르게 되었다. 우리는 유령이 아니라 구체적이고 생생한 몸으로 이 세상에 살아있는 세계 내 존재로서, 대상화되는 다른 존재들과는 다르게, 다른 대상들에게 그 존재의 의미를 부여하면서 스스로의 존재 방식에 대하여 지속적으로 문제 삼아 그 대안을 선택하며 실존하기 때문이다.

신체적 상징은 유동적 전체성으로서의 신체를 말하는 것이면서 동시에 신체의 다의미성을 내포하는 용어이다. 인간의 생각에 절대성을 부여한 근대 인간은 과학기술문명의 정점에서 도리어 신체가 본래 지니고 있는 존재성 혹은 존재론적 의미에 대해서 다시 생각해보아야 하는 시점에 이른 셈이다. 말하자면 인간의 정신이 신체를 대상으로 보는, 즉 육체나 물질로 보는 것에 대한 반성이다. 인간의 신체에 대해 우열을 따지거나 지배 대상이나 기계처럼 대하는 태도에 대한 전면적인 부정이다. 인간의 신체 속에는 자연의 선물로서의 존재성으로 인해 이미 축제성이 내포되어 있다.

최근에는 정신 우위의 심신관과 신체론에 대한 반작용으로 쟈크 데리다(Jacques Derrida)를 중심으로 하는 해체론자들의 주장이 새롭게 조명되고 있다. 이들은 구조화된 기존의 질서인 이성중심주의와 과학중심주의,

유럽의 근대주지주의 사상과 근대스포츠가 타자의 지배를 목적으로 한다는 점에서 문제의 귀착점을 찾았으며, 새로운 관점에서 그 문제의 해결 대안으로서 타자부정이 아닌 타자긍정의 대안이 모색되어야 한다고 주장한다(최종균 2016: 47-48).

오늘의 올림픽이 마치 역사적 전쟁처럼 타자지배의 모습을 보이고 있긴 하지만 올림픽의 본래 정신을 회복할 필요가 있다. 올림픽을 제의적 상징체계의 관점에서 역사적 전쟁과 비교하면 다음과 같은 대비가 가능해진다.

<도표3> 축제와 전쟁의 성격

| | 승자의 제물 | 패자가 제물 | 제의 (상징의례) | 전쟁 (실제사건) |
|---|---|---|---|---|
| 올림픽 제의 (인류의 평화) | + | | + | |
| 역사적 전쟁 (지배-피지배) | | + | | + |

물론 보는 이에 따라서는 제의와 전쟁이 서로 자리를 바꿀 수도 있다. 역사적 전쟁이 도리어 수많은 희생을 치르는 경우도 많기 때문이다. 그렇지만 올림픽 제의는 어디까지나 상징적인 것이고, 역사적 전쟁은 실제적인 사건이다.

  올림픽에 대한 새로운 해석과 개선이 요구되고 있다. 과도한 경쟁주의, 결과 우선주의, 자본주의와 상업주의, 그리고 민족주의와 인종주의와 같은 올림픽의 역기능을 성찰해야 할 시점에 이르렀다. 이에 대한 대안으로 근대 이전의 제전을 중심으로 하는 고대올림픽의 가치와 역할을 재조명할 필요가 있다. 따라서 올림픽을 정점으로 하는 운동경기의 희생제의는 다양한 가능성을 가지고 폭넓게 이해하는 관점을 제공하고 당시 운동경기에서 희생제의의 의미를 깊이 음미할 필요가 있다.

# 3. 축제적 존재로서의 인간
## - 축제는 신체적 존재의 본래존재로의 귀향 -

～～ 축제란 무엇일까. 축제의 구성요소 가운데 가장 중요한 것은 무엇일까. 바로 신체이다. 신체는 어떤 프로그램보다 중요한 것이고, 축제의 본질이라고 할 수 있다. 축제는 죽은(고정된) 텍스트가 아니다. 그런 점에서 축제는 살아있는 신체가 참여하는 독자의 책읽기와 같은 것이다. 독자의 책읽기는 저자의 책 쓰기와는 다른, 의미의 살아있는 확장이다.

신체가 없는 축제는 성립할 수 없다. 신체적 존재로서의 인간현존재는 축제를 즐기고, 퍼포먼스(performance)를 원한다. 이때의 신체는 물질이나 육체가 아니라 살아있는 신체로서의 자연, 즉 자연적 존재를 말한다. 물질이나 육체는 이미 죽은 시체이다. 원시고대인들은 자연을 살아있는 존재로 여겼다. 오늘날처럼 자연을 기계 혹은 기계적 체계로 여기지 않았다. 자연으로부터 신을 은유한 인간은 급기야 자연에서 신을 빼버리고 자연을 기계로 환원시켜버렸던 것이다. 이에 저항하고 살아있음을 회복하는 것이 바로 신체를 참여시키는 축제이고 퍼포먼스이다.

삶은 바로 축제이고, 퍼포먼스이다. 삶은 이론이기 전에 이미 퍼포먼스이고, 신체적 존재로서 자기-내-존재의 열린 태도이며 끝없는 펼침이다. 현상학적 영역으로서의 신체적 존재가 아니라 존재론적인 영역으로서의 신체적 존재론의 길을 열어주는 것은 바로 인류의 모든 문화가 즐기고 공유하는 축제(festival)라고 할 수 있다. 축제는 일상의 삶이 바로 '행위(performance)예술'임을 말해준다(삶=행위예술).

축제에서는 인간의 진선미(眞善美) 중 예술성이 강조됨으로써 인간으로 하여금 법칙, 즉 물리적 법칙이나 도덕적 법칙에 얽매이게 하는 것이 아니라 존재와 존재의 평등한 만남을 통한 삶의 표현을 자유롭게 부추기는 경향이 있다. 축제야말로 가장 오래된 삶의 예술이거나 예술적 삶이다. 축제기간 중에 인간은 절대와 법칙의 구속으로부터 벗어나서 상대와 자유를 만끽하게 되는 기운생동을 접하게 된다. 이것은 삶의 활력소가 된다.

인간은 축제를 통해 공동체를 운영해왔으며, 축제를 통해 권력경쟁과 사회적 계층(계급)화에 따른 사회적 모순과 갈등을 해소해왔다. 축제는 집단생활을 하는 호모 사피엔스의 심신의학적(心身醫學的) 차원의 치유와 질서와 안녕과 행복을 달성해왔다고 할 수 있다. 이것은 프시케와 소마의 융합(psychosomatic)이었다. 다시 말하면 축제는 신체적 존재로서의 인간이 정신과 육체를 동시에 만족시키는, 존재론적인 문제해결방안(solution)이었다. 축제는 인간으로 하여금 '신체적 존재'로의 환원을 의미하면서 본래존재를 신체로서 맛보게 하는 기쁨과 쾌락의 장(場)이다.

인간은 축제를 통해서 철학(현상학)과 역사(집단)가 달성하지 못하는 자유와 평등과 평화와 박애를 존재론적으로 달성하는 신체적·실천적 성취였다고 말할 수 있다. 축제는 신체적 존재로서의 인간이 하이데거가 말하는 공동존재(mit-sein)를 집단적으로 앞서서 실천한 마을공동체사회의 삶의 종합적인 지혜였다. 이때의 마을은 집단적으로 마음과 몸이 하나가 되는 '마을=마음=몸'의 공동체의 장이었다. 축제를 통해서 인간은 가부장-국가사회의 위계사회가 필연적으로 가질 수밖에 없는 계급(계층)의 갈등과 불화를 정화하였으며, 다시 일상의 질서의 공간으로 돌아갔던 것이다. 민중과 여성은 축제 기간을 통해 계급과 성적 억압으로부터 해방될 수 있었던 것이다.

축제는 시간과 공간과 질서와 모든 사회적 제도의 벽을 허물고 '공감(共感)의 장'으로 인간을 환원시킴으로써 인간을 본래존재로 돌려놓은 주기적·계절적인 사건(존재사건)이었다. 축제는 더욱이 자연의 계절을 따라 행해짐으로써 인간과 자연의 조화도 획득하는 삶의 장치였다. 그런 점에서 어떤 축제에는 반드시 자연의 생태와 하나가 되는 기제를 내장하고 있다. 축제는 종합적으로 일상의 시간과 공간을 계절과 신바람으로 돌려놓은 존재(인간현존재)의 근본적인 소통의 장이었다.

인간의 신체는 퍼포먼스를 원한다. 굿(ritual)은 인간의 퍼포먼스 가운데서도 가장 강렬하고 극적인 종합예술이라고 할 수 있다. 이러한 퍼포먼스의 대표적인 것이 축제이다. 집단은 규모가 크든, 작든 축제가 아니면 본래존재로 들어갈 수 없다. 마르크스의 실천(praxis)라는 것도 실은 퍼포먼스의 일종이라고 볼 수 있다. 퍼포먼스는 놀이(play, game)를 벌이고자 하는 마음의 소산이다. 니체의 신체에 대한 환기(신체주의)는 서양철학을 '이데아의 존재'에서 '신체적 존재'로 전환하는 결정적인 계기가 되었다. 신체를 통하지 않는 어떠한 것도, 특히 인간의 정신은 동일성의 함정에 빠지는 것이 된다.

그래서 신체에 대한 환기는 자신의 처지(處地)에 대한 환기이고, 처지에 대한 환기는 인간으로 하여금 역지사지(易地思之)하게 함으로써 인간은 물론이고, 모든 사물과의 심정적 관계를 통해 공감(共感)을 불러일으킴으로써 예술적 인간, 특히 음악적 인간이 되게 한다. 운동경기의 리듬은 신체에 기운생동과 음악적 성질을 부여함으로써 중력을 극복하는 무용이 되게 한다. 궁극적으로 심물일체, 심신일체, 신물일체, 만물만신에 이르게 한다. 음악은 신체적 존재를 가장 쉽게 확인하게 하는 장르이다.

음악의 작곡(남성적-구성적-존재자적 특징)은 연주되지 않으면 죽은 텍스트, 무의미한 존재가 된다. 음악은 연주에서 신체적 존재가 된다. 그 까닭은 리듬으로 반복되는 신화의 특징을 신체적 존재(여성적-생성적-존재적 특징)로서의 연주자가 가장 잘 표현하기 때문이다. 그런 점에서 음악은 신체적 상징, 상징적 상상 그 자체라고 할 수 있다. 음악만큼 신체적 존재에 가까운 예술은 없다.

신체적 존재론의 입장에서 보면 신체는 '정신의 반대말'이 아니라 '도구의 반대말'이다. 신체적 존재론은 도구체계로서의 세계에 대해 가장 적대적일 수밖에 없다. 세계를 도구로 본다는 것은 세계의 존재에 대해 눈을 감는 것과 같기 때문이다. 신체는 이분화된 세계로 갈라진 정신과 육체를 잇는 매개일 뿐 아니라 존재 그 자체이다.

"신체의 현상학적인 접근은 자연과학적-의학적 방법처럼 어떤 하나로의 환원을 시도하지 않는다. 여기에는 신체는 육체적인 것도 정신적인 것도 아니다. 오히려 신체의 현상은 이 양자의 연관을 포함하는 것으로 기술되어야 한다."[1] 현상학(심리적 현상학)의 신체는 물리학(물리적 현상학)의 중력과 같은 것이다. 신체가 있음으로써 실존론적인 공간이 존재케 되는 것이다. 하이데거의 신체적 실존은 현상학적인 차원에 머문다.

그러나 철학(현상학)과 의학(심신의학)의 융합적인 연구는 실존적인 신체를 논하는 것이긴 하지만 신체적 존재에 대한 본격적인 존재론적인 접근은 되지 못한다. 예컨대 "신체가 없으면 세계가 없다"라는 근본적인 질문에 도달하지 못한 것이다. 현상학의 정신-육체의 이분법의 세계가 아닌 본래존재로서의 하나의 신체의 세계를 가정해본다. 이렇게 보면 신체는 정신(의식)과 육체(물질) 사이에 두께가 없는 '결여의 존재' '비어 있는 그 무엇'으로 있다.

신체는 정신과 육체(물질)의 틈(빈 것)과 같다. 신체는

---

1) 김재철, 「정신의학과 하이데거의 대화」, 현대유럽철학연구회, 『현대유럽철학연구』(제39집), 59~60쪽.

정신-육체 프레임의 밖에 있다. 물리학적 세계에는 중력(인력)이 있지만 신체적 존재에는 중력이 없다. 신체적 존재는 이(理)의 세계가 아니라 기(氣)의 세계이며, 여기에는 과학적·사회적 제도에 의한 중력이 없다. 신체는 생멸을 거부하지도 않고, 굳이 지배하려고도 하지 않는다. 필자의 신체적 존재론은 그런 점에서 비권력적인, 기운생동의 사건의 세계이다. 신체에는 고정불변의 실체로서의 시간도 없는 신체사건이다.

인간현존재에겐 현재가 있기 때문에 죽음이 있고, 동시에 죽음이 있기 때문에 현재가 있다. 현재와 죽음과 영원은 같은 것이다. 자연적 존재로 태어난 인간은 현존재가 되어서도 실은 자연을 본능적으로 잃지 않았던 것 같다. '현재'라는 의미의 영어단어인 'present'는 동시에 '선물'의 의미로도 쓰인다. 여기에는 '존재'는 '선물'이라는 느낌을 원천적으로 가지고 있음을 의미한다.

그런 점에서 존재하고 있다는 사실에 대해서는 아무리 감사(感謝)해도 지나친 일이 아니다. 감사는 공감(共感)에서 비롯되는 일이고, 감사는 존재에 대한 스스로의 사례(謝禮)이다. 공감과 감사에 이르는 길은 실은 현상학적인 모든 굴레와 속박, 즉 시간과 공간의 제도에서 벗어나야 도달할 수 있는 최종적인 길(道)이면서, 동시에 원시반본의 길이다. 옛 부족사회의 선조들은 모두 자연에 감사하면서 살 줄 아는 인간이었다. 신체적 존재론을 통과해야 신(身)이 신(神)인 줄 안다. 올림픽은 신체적 존재로서의 인간을 재확인하는 길이다.

# 4. 신체주의와 평화에 대한 철학인류학적 해석
## - 말(개념)놀이, 시(詩)놀이, 몸(身體)놀이의 의미

～～ 서양철학과 문명에서 신체의 의미는 무엇일까. 서양철학을 우선 정신과 육체(물질)의 이분법으로 규정한다면 신체는 그것의 통일과 조화가 이루어지는 장소라고 말할 수 있다. 신체가 없으면 정신활동이 있을 수가 없고, 정신활동의 결과 자신의 신체를 대상으로 할 때 '육체'라고 하고, 다른 만물의 신체를 육체, 혹은 물질이라고 규정하게 된다. 신체는 가장 원초적인 존재이다.

정신의 정점은 육체에 있고, 육체의 정점은 정신에 있다. 이것 자체가 서로 순환적인 관계에 있지만 더욱 더 놀라운 것은 정신이든 육체이든 존재 그 자체가 아니라는 점이다. 이런 것을 가능하게 하는 원초적 기반(基盤)이 신체라는 것(그릇)이다. 신체는 동양철학이 흔히 말하는 몸이라는 개념에 가깝다. 신체는 이중성의 존재로서 주체로 나아갈 수도 있고, 객체로 나아갈 수도 있다는 점에서 매우 현상학적인 연구대상이다.

동양철학은 처음부터 나누어지지 않은 어떤 것을 몸(마음, 몸)이라고 말한다. 말하자면 마음(心)과 몸(物)을 의미한다. 마음은 사물(육체)을 대상으로 하지 않는 정신이며, 몸은 정신의 대상이 되지 않는 사물(육체)이다. 마음과 몸을 말할 때는 본래하나인 본래존재를 뜻한다. 그래서 물심일체(物心一體), 심물일체(心物一體)이다. 올림픽경기에 참여하는 사람의 정신과 육체는 신체에서 합일과 조화를 이룬다.

올림픽경기는 신체의 경기를 통해 신을 만나는 축제이다. 거의 알몸으로 경기를 하고, 경기에서 승리한 자는 자신을 신에게 제물로 바치는 의례(ritual)를 행한다. 이것은 신체가 벌이는 상징행위인 것이다.

니체는 그리스문화의 잔인함과 그것에 대한 속죄로서 고귀한 문화가 발생했다고 말한다.

"이 짓누르는 분위기 속에서 투쟁은 행복이며 구원이다. 승리의 잔혹함은 삶의 환호의 정점이다. 그리스적

권리의 개념이 사실은 살인과 살인에 대한 속죄에서 발생했던 것처럼 고귀한 문화는 첫 번째 승리의 월계관을 살인에 대한 속죄의 제물로 바치는 제단으로부터 받는다."[2]

가부장-국가사회의 발달과정에서 전쟁은 필연적인 과정이었다. 생물의 생존경쟁을 권력경쟁으로 질적 변화를 시도한 인류는 전쟁을 하는 한편 동시에 전쟁을 평화로 바꾸는 축제도 동시에 치렀던 것이다.

인간에게 경쟁욕구, 전쟁욕구는 일찍부터 있었던 것인데 항상 전쟁으로 정치를 할 수 없었던 인간은 평화시에는 마을축제나 스포츠 제전을 통해서 공동체의식을 확인하고 전쟁욕구를 해소하였던 것이다.

"그리스인들은 잔혹하고 야만적이며 약탈을 일삼았다. 그런데도 그들은 고대 민족 중에서 가장 인간적인 민족이 되었으며, 철학과 과학과 비극을 발명한 민족이 되었고, 최초의 가장 세련된 유럽민족이 되었다.(중략)

---

2) 프리드리히 니체, 이진우 역, 『니체전집 3 유고(1870~1873)』(책세상, 2001)「호메로스의 경쟁」, 332쪽.

기원전 8세기 말의 고대 그리스 서사시인 헤시오도스는 〈노동의 나날〉 첫머리에서 두 명의 '불화의 여신(에리스)'을 소개한다. (중략) 니체는 이 두 번째 불화의 여신이 그리스 사회의 작동원리를 가리킨다고 말한다. 시기심과 이기심을 그리스는 상승과 발전의 동력으로 삼았다. 니체는 이렇게 말하면서 두 번째 불화의 여신뿐만 아니라, 첫 번째 잔인한 전쟁의 여신까지도 용인하는 듯한 태도를 보인다."[3]

그리스문화는 요한 빙켈만(Johann Joachim Winckelmann, 1717~1768)의 그리스관이라고 할 수 있는 '명랑한 그리스'의 이미지와 달리 전쟁의 연속이었다. 어쩌면 계속된 도시국가간의 전쟁, 이민족과의 전쟁의 상황이 도리어 평화의 제전을 갈구하게 만들었을 것이다.

그리스문화에 대한 니체의 평가는 고전문헌학자 다운 깊이가 있다.

---

3) 고명섭, 『니체 극장』(김영사, 2012), 141~142쪽.

"그리스인들에게는 이 〈정치적〉 충동이 과다하게 충만해 있어, 그것은 거듭해서 자기 자신에 대해 격분하기 시작하고 이빨로 자신의 살을 물어뜯는다. 도시국가들 간의, 또 정당들 간의 피비린내 하는 질투, 작은 전쟁들의 살인적인 탐욕, 패배한 적의 시체 위에서 구가한 표범 같은 승리, 즉 끊임없이 재현되는 트로이아의 투쟁과 공포스러운 장면들, 이러한 광경을 넋을 놓고 흐뭇하게 바라보면서 그리스인 호메로스가 우리 앞에 서 있다.(중략) 그리스 국가의 이처럼 천진한 야만성은 무엇을 의미하는가? 영원한 정의의 법정에서 어떻게 자신의 용서를 구할 수 있는가? 국가는 당당하고 조용하게 이 법정으로 나선다. 그리고 그는 찬란하게 피어나는 여인, 즉 그리스 사회를 손에 이끌고 나온다. 바로 이 헬레나를 위해 국가는 저 전쟁을 치렀다."[4]

전쟁과 평화, 선과 악은 인간이 가역적·이중적 존재임을 확인하게 된다. 올림픽은 전쟁 대신에 평화라는(전쟁

---

4) 프리드리히 니체, 이진우 역,『니체전집 3 유고(1870~ 1873)』(책세상, 2001)「그리스 국가」, 318쪽.

을 평화로 바꾼) 신탁(神託)을 받는 거룩한 제사이다. 올림픽경기는 서로 다른 지역과 국가의 사람들이 만나서 벌이는 축제이다. 인류는 올림픽이라는 신성한 제전을 통해 몸과 마음이 하나임을 체험하게 된다.

오늘날 인류의 문명도 전쟁 대신에 평화를 도모하기 위해서는 각종 마을축제, 스포츠제전, 문화예술 축제를 벌이는 것이 주효함을 알 수 있다. 인간은 경전(經典)과 법전(法典) 등 텍스트(text)에 의해 살지만 동시에 신체가 참여하는 이벤트, 즉 퍼포먼스(performance)에 참여함으로써 자신의 살아있음을 느낀다.

퍼포먼스는 텍스트를 콘텍스화(contextualize) 하는, 즉 텍스트에서 죽은 의미를 살아있는 의미로 부활시키는, 살아있는 의미로 전환하는, 그렇게 함으로써 삶을 실감하는 행위인 것이다.

예컨대 텍스트와 콘텍스트의 차이를 일상에서 찾아보자. 일상에서 접하는 '교리(敎理)'와 '기도(祈禱)'는 그 종은 예이다. 교리는 신앙체계이다. 교리는 우주론을 비롯해서 인생론 등이 포함되어 있는 텍스트(text, langue)

이다. 이에 비해 기도는 텍스트가 아니라 말(言, parole)을 하는 퍼포먼스(performance, parole)이다. 기도는 삶을 위한 몸 전체의 호소이다. 기도의 특성은 간절함이지, 어떤 이론체계가 아니다.

기도는 '계시-야생적(상징-의례적)'이지만, 교리는 언어-사물적(역사-논리적)이다. 전자는 개체적·생활적 특성을 지니고 있고, 후자는 집단적·제도적인 특성을 지니고 있다. 올림픽은 일상적·제도적 삶이 야생적·축제적 삶으로 잠시 이동하는 기간이며, 공간을 말하는 것이다.

이와 같이 올림픽과 같은 축제는 '상징-신체'의 맥락으로서 차이성을 바탕으로 감정(마음)을 다스림으로써 신체의 신화성을 회복하는 것과 함께 신체가 '신이 거주하는 집'이 되도록 하는 거대한 퍼포먼스인 것이다. 말하자면 축제는 신체의 만남과 경쟁을 통해 신을 만나는 장소인 것이다.

올림픽, 월드컵축제는 특정종교에서 특정의 신을 만나는 장소가 아니라 여러 다른 신을 섬기는 서로 다른 인종(민족)과 문명권(국가)의 사람들이 만나서 함께 '기

운생동(氣運生動)의 신'을 만나는 장소이고 '신(神)을 회
복하는' 장소이다.

<도표4> 언어-사물/상징-신체

| 언어-<br>사물<br>문<br>(文, 記號) | 동일성<br>(制度) | 이성<br>(정신) | 이치<br>(理致)<br>법칙,<br>규칙 | 물질-<br>과학성 | 기계의<br>세계 | 신들의<br>전쟁 |
|---|---|---|---|---|---|---|
| 상징-<br>신체<br>무<br>(武, 舞) | 차이성<br>(運動) | 감정<br>(마음) | 기운<br>생동<br>(氣運<br>生動) | 신체-<br>신화성 | 축제의<br>세계<br>(신내림) | 신들의<br>평화 |

신체를 가진 인간은 자연스럽게 존재의 야생성(야생
적 존재성)을 잃지 않으려고 하고 퍼포먼스(perfor-
mance)를 벌이며 이러한 퍼포먼스는 주로 예술과 종교
와 축제적 활동에 의해 신(神) 혹은 신비(神祕)와 만나게
된다. 신과 신비야말로 살아있는 존재성이며 인간은 신
체적 축제를 통해 이들과 만난다.

축제는 일상에서 탈출하는 활동이면서 동시에 존재론

적 사건에 다가가는 혹은 존재성을 회복하는 집단행위 예술(퍼포먼스)이다. 인간은 일상의 시공간에서 축제의 시공간으로, 축제의 시공간에서 일상의 시공간으로 왕래함으로써 삶의 활기와 함께 규칙을 준수하는 이중성, 심리-신체적 균형, 혹은 신체-생태적 균형을 이룬다.

축제는 공동체가 맞이하는 '일상의 종교'라고 말할 수 있고, '일상의 예술'이라고 말할 수 있다. 축제는 신체가 예술과 종교에서 분리되지 않는 요소가 강하며, 집단적 예술 플러스 종교의 미분화적 특성이 있다. 공동체 구성원들은 축제를 통해 스스로의 신명을 확인하면서 신을 만난다. 그러한 점에서 축제는 일상의 공간에서 벌어지는 '비일상의 공간' 체험이며, 일상에서 실현되는 '신인일체(神人一體)의 공간'이다.

이러한 축제가 지구적인 규모로 전개되는 것이 바로 4년마다 한 번식 열리는 올림픽이고, 또한 월드컵이다. 신체는 그러한 점에서 육체나 물질이 아니면 그 자체가 우주적 차원에서 신성한 것이며 신체를 통해서 인간은 자신이 우주적 존재임을 확인하게 된다. 그러한 점에서 올림픽과 월드컵은 상징-신체적 사건인 것이다.

1896년 그리스 아테네에서 열린 제1회 근대 올림픽 개막식
출처 : 위키피디아

# 평화의 제전으로서의 서울올림픽

# 제 2 장

# 평화의 제전으로서의 서울올림픽

## 1. 굿과 한국문화

    &#8766;&#8766; '굿(Gut)'은 한국인이 '놀이'를 생각할 때 가장 먼저 떠올리는 말이다. 여기에 '판'자를 붙여서 '굿판'이라고 하면 의미가 더욱더 강하게 된다. 이러한 굿판이라는 말에서 한국을 대표하는 소리인 판소리라는 말이 조선 후기에 생겨나기도 했다. 판은 또한 마당이라는 말과 상통한다. 따라서 굿이라는 말은 한국인의 집단무의식과 정서에서 놀이를 상징하는 대표적인 용어로 통용되

고 있다.

굿이라는 개념으로 제24회 서울올림픽대회(1988년 9월 17일~10월 2일)를 바라보는 것은 자연스럽게 한국인의 시각으로 올림픽을 해석하는 것이 될 것이다. 아울러 우리의 굿 개념에 올림픽이 어떻게 들어갈 수 있고, 어떻게 해석되어 나오는가는 관심을 끄는 일이기도 하다. 굿의 가장 큰 목적은 천신(天神, 하늘)에게 제사를 올림으로써 결국 삶의 안녕과 평화를 구하는 일이다. 이는 어쩌면 인간이 스스로를 위로하고 축복하는 행위인지도 모른다.

"전통 지식을 근간으로 한 지역문화는 한 국가의 영역을 넘어서 세계인들에게 동질감을 느끼면서 그들의 사회적 경험을 공유하고 문화적 정체성을 형성케 한다. 이에 전통 지식과 지역문화도 세계화의 영향을 비껴갈 수 없는 시대가 됨으로서 전 지구적 지식과 지역전통지식의 필연적이고도 불가피한 만남이 요구된다(박성용 2010: 46)."

고대 그리스에서 출발하였고, 근대에 들어 프랑스

인 피에르 드 쿠베르탱(Pierre de Coubertin, 1863~1937)에 의해 부활된 올림픽 제전은 어디까지나 운동선수 개인과 스포츠 경기의 승패를 중심으로 하고, 그 주변에 여러 축제가 들러리로 있는 형식이다. 그렇지만 그리스올림픽은 승자를 신에게 제물로 바침으로써 평화를 구하는 제의(祭儀)로서 그러한 전통은 근대올림픽의 부활에 계승된 측면이 있다.[1] 승자가 제물이 된다는 발상이야말로 신 앞에 평화를 약속하는 제의의 지혜이다.

  서울올림픽은 유사 이래 한국인이 가장 많은 세계인을 손님으로 초청하여 벌인 하나의 거대한 굿판이었다. 지금에 와서 생각하면 서울올림픽은 한국의 서울에 세계인이 모여 함께 스포츠 경기를 통한 신체적 경쟁을 하고 문화예술을 교감하면서 인류평화를 도모하고 예축하는 축제였다. 서울올림픽은 한국의 오랜 문화전통과 풍

---

1) 스포츠 제의에서 승자를 제물로 바치는 의례 양식은 나중에 종교제의의 희생(sacrifice)의 형태로 승화되었을 것으로 짐작된다. 예컨대 기독교의 예수 그리스도는 역사적으로 그러한 희생의 대표적인 예이다. 예수는 승자일까, 패자일까. 기독교 섭리사적으로는 승자일지 모르지만, 역사적으로는 십자가에 못 박혀서 돌아갔으니까 패자이다. 예수에게는 승자와 패자의 이중적 의미가 동시에 내재해 있다.

부한 문화 자산, 그리고 예부터 가무와 놀이에 남다른 재주와 기질을 보여 온 한민족이 세계에 그 위용을 드러내는 미증유의 기회였다.

서울올림픽이 치러진 지 35년 된 지금, 역사적으로 미증유의 거대한 축제(큰 굿판)이자 스포츠 경기였던 올림픽을 회고하면서 역사적 의미와 함께 각종 의미를 되새기는 것은 인류학적으로도 뜻 깊은 작업이라 생각된다. 서울올림픽에 내재해 있는 의미와 우리 모습을 되돌아보면서 한국인의 집단무의식에 내장된 '굿(놀이)하는 힘'을 느끼면서 동시에 그것이 서울올림픽에 어떻게 반영되었는가를 살펴보는 것도 의미 있는 일이다.

올림픽은 본래 국제올림픽조직위원회(IOC·International Olympic Committee)에 의해 지명된 개최 도시가 주최하는 행사이다. 하지만 서울올림픽은 대한민국 정부와 전체 국민이 동원되었다. 이러한 성격 때문에 서울올림픽은 국민 축제적 성격으로 변하였다. 물론 개최 도시가 주관한다고 해서 올림픽이 국가적 성격과 무관한 것은 아니다. 메달 개수 등 순위는 국가 단위로 결정되기 때문이다. 한국에서 치러낸 서울올림픽은 다른 올림픽에 비해 개인의 승패 즉 게임 성격보다는 집단이 벌이는 축제에 초점을 두면서, 말하자면 축제화한 의례성을 표출하였다고 보여 진다.

서울올림픽은 1968년 멕시코시티올림픽과 함께 다른 어떤 올림픽보다 경기의 승패보다는 문화예술 행사에 초점을 맞춘 대회였다. 성화 봉송 행사를 비롯하여 각종 문화예술축전이 강화되었다. 이러한 문화예술축전은 특히 관 주도보다는 민간 주도로 운영됨으로써 앞으로의 올림픽이 어떤 방식으로 전개되고 발전되어야 하는가를 보여주었다.

서울올림픽은 왜 집단 축제성이 강화된 것일까. 아마도 그 바탕에는 한국 문화의 집단무의식적 힘이라고 할 수 있는 굿의 의례적 성격에 기인하는 것이라고 여겨진다. 흔히 굿을 말할 때 굿이 가지고 있는 원시미분화성이라든가, 원시종합예술적 성격을 거론한다. 물론 굿을 이렇게 보는 관점은 다분히 고도로 분화된 현대 문명과 여러 장르로 구분된 문화의 시각에서 굿을 바라본 성격일 것이다.

필자는 굿의 미분화성과 종합예술성이라는 한국인의 전통적인 놀이 관점, 즉 굿의 관점에서 보면 또 다른 의미를 발견할 수 있으리라 생각한다. 신체적 만남과 접촉은 단순히 물리적 만남(육체나 물질의 만남)이 아니라 신체라는 유동적 전체의 만남이고 소통이다. 말하자면 살아있고, 숨 쉬는 자들의 만남인 것이다. 근대올림픽이 인류 평화를 지향하는 축제로 부활한 것이긴 하지만, 그러한 목적 지향 때문에 평화가 달성된 것이 아니라 신체자체의 존재성 때문에 평화에 다가갈 수 있는 것이다. 이는 축제의 현상학보다는 존재론적인 입장이다. 굿의 미분화성과 종합예술성이야말로 신체적 존재론과 축제 존재론의 바탕이 된다.

한국인들은 흔히 한국문화의 축제 지향을 신바람 문화 혹은 신명(神明) 문화라고 말한다. 한국문화에도 문화의 이념형이 없는 것은 아니지만 그것은 반드시 신바람의 기운생동을 타지 않으면 살아있음, 즉 생기(生氣, 生起)를 얻지 못한다. 문화의 이념형이 현재적으로 살아있는 실존적 의미를 획득하려면 이념의 신체화, 즉 이념이 신체적으로 체질화되거나 습관화되어야 한다. 외래적인 이념의 경우는 충분한 이해와 훈련을 통해 소화되어야 하지만, 자생적인 이념은 그러한 것이 내재된 것이라고 볼 수 있다.

한국 문화를 이끌어가는 원동력 가운데 신바람 이외에 기(氣) 혹은 기분(氣分)라는 개념이 있다. 이것도 신바람과 같은 성격을 가지고 있다. 한국인은 신바람이 나고 기분이 좋아야 살맛이 난다고 한다. 살맛이 바로 풍류도(風流道)이다.

굿(샤머니즘)으로 서울올림픽을 해석하는 것은 한국인으로서 자주적인 문화해석의 길을 여는 시도이다. 이는 굿을 흔히 서양 과학문명의 영향으로 미신(迷信)이라고 일축하는 편견이나 편향된 시각을 바로잡고자 하는 입장이기도 하다. 만약 굿이 단지 미신이라면 한국 문화는 참으로 긴 세월동안 미신에 젖어서 살아온 것에 불과하며, 한국인은 미신의 국민으로 전락하고 만다.

굿은 세계를 하나의 유동적 전체성으로 바라보는 '천

지인(天地人)의 세계관'이다. 굿은 경쟁성보다는 축제성이 강한, 혹은 자연친화적 삶을 살아온 집단의 문화 성향을 나타내는 에토스(ethos)이기도 하다.

한국문화의 신바람과 기분은 바로 샤머니즘과 통한다. 샤머니즘은 근대적인 서구의 시각에서 보면 우려와 문제가 되는 측면도 없지 않지만, 동시에 한국문화의 힘의 원천으로서 결과적으로 한국 문화로 하여금 세계의 흐름에 적응케 하고, 따라가게 하는 힘·운동력이자 일종의 문화적 기제이기도 하다. 한국인은 추상적 개념이나 철학체계, 즉 추상적-개념적 계기(繼起)에 의해 살아가는 민족이라기보다는 기(氣)-신바람의 계기에 의해 살아가는 민족적 특성이 강한 편이다. 필자가 보기에 기-신바람은 비록 원시적이라고 비하되기도 하지만 도리어 고도로 분화된 현대 기계문명에 저항하는 존재성(자연적 존재로서의 존재성) 회복의 측면도 있다.

여기서 굿의 관점이라는 것은 한국인 특유의 신바람, 혹은 놀이하는 힘을 말한다. 한국문화의 놀이하는 힘은 바로 굿에 있다고 생각된다. 서울올림픽의 경우도 개인-승패 중심의 올림픽을 집단-축제 중심의 성격으로, 즉 전자를 후자가 밖에서 감싸면서 성공적으로 치러낸 올림픽으로 볼 수 있다.

아마도 인류 역사상 전쟁이나 정복, 민족 대이동과 달리 평화적으로 다양한 민족, 다양한 문화가 한데 만나 총체적인 문화교류를 하는 것으로는 올림픽만한 것이 없을 것이다. 인간이 자연으로부터 받은 가장 기본적인 소여(所與)이자 선물인 신체의 경쟁을 통해 승부를 가리는 스포츠를 통해 4년마다 인류의 발전과 평화를 도모한다는 것은 매우 불가사의한 일이다. 이제 올림픽이 세계인의 공감(sympathy)과 소통(communication)의 장이 됨은 의심할 수 없는 사실이 되어버렸다. 이때의 소통이란 가장 기본적으로 서로의 존재 확인에서부터 상호 이해, 나아가서 인간으로서의 공감대를 넓히는, 신체가 직접 참여하는 의례 행위를 말하는 것이다.

본래 축제라는 것은 인간 삶의 악센트와 리듬을 주는 것으로 일상의 문화체계(cultural system) 또는 질서(order)와 규칙(rule)을 축제기간 동안 벗어나서 일탈과 해방을 꿈꾸는 의례를 말한다. 축제는 관념이 아니라 몸과 몸이 부딪히는 신체적 만남을 비롯해서 신과 인간, 인간과 인간의 관계, 수행(修行)과 수신(修身) 과정에 문화적 질서와 정감 등이 교류되는 장(場)으로서 때때로 기존 질서로부터의 해방과 함께 극단적이고 광적인 난장트기(orgy)에 이르기도 한다. 그러나 미리 실정한 일정한 기간이 끝나면 일상으로 돌아가는 것이 바로 축제의 특징이기도 하다. 따라서 축제는 일상을 위한 균형잡기로서의 의미를 갖는다. 축제가 일상의 반(反)운동·반(反)체제가 되던, 확대 재생산이 되던, 그것의 복합적인 구성 내용 – 음악·무용·연극·미술·문학·종교 등 문화 총체성 - 은 문화의 상징성을 갖는다.

오늘날 올림픽은 축제의 시나리오가 구성되어 있고, 그 대본(text)에 따라 실행되는 퍼포먼스라는 점에서 다분히 연출적이고 연극적이라고 할 수 있다. 그런 점에서 연극적 요소와 의례적 요소가 복합적으로 구성된 축제였다고 규정할 수 있다. 올림픽 시나리오는 주최국의 문화적 정체성을 자랑한다는 점에서 주최국의 전통문화가 주류를 이루고 있고, 일부 현대 문화도 곁들여진다. 그러나 올림픽은 시나리오가 구성되어 있지만 경기 승패의 불확실성과 함께 예상치 못한 사건들이 발생한다는 점에서 축제와 연극의 이중성과 상호 왕래가 내재해 있다.

고대올림픽 경기가 경기적 요소와 축제적 요소가 함께 있는 것이라면 오늘날의 올림픽은 드라마적 요소가 추가된 느낌이다. 그리스에서 출발한 고대올림픽은 승자를 신에게 제물로 바치는 경기 축제이다. 그러나 그 제의는 매우 상징적이기 때문에, 도리어 실제의 피비린내 나는 전쟁을 방지하거나 약하게 한다(최소한 올림픽 기간 중에는 휴전을 한다). 따라서 올림픽에는 '평화'라는 이름을 제전의 앞에 붙이는 영광을 얻는다.

올림픽은 물론 신체적 경기를 하는 경기 축제이다. 오늘날 경기는 게임이라는 이름으로 더 친숙하다. 그리고 그 게임은 때로는 전쟁으로 번역된다. 말하자면 게임 속에는 항상 전쟁의 의미가 들어있는 셈이다. 경제전쟁, 문화전쟁 등은 그 좋은 예이다. 경기와 축제의 의미가 공존하고 있는 올림픽을 연구하는 것은 불가피하게 서로 대립되는 개념들을 사용하지 않을 수 없다.

경기/축제라는 상관대립어를 비롯하여 전쟁/평화, 승자/패자, 지배/피지배, 질서/무질서, 성/속, 문명/자연(야만), 일/놀이 등 이원대립항(binary opposition)들이 좋은 예이다. 이들 대립어들은 비대칭적 대립의 의미로 사용될 수도 있고, 대칭적 의미로 사용될 수도 있다. 여기서 비대칭적 대립의 의미는 변증법적으로 지양하는 것을 의미한다.

일/놀이를 존재론적인 지평에서 해석함으로써 놀이가 왜 저절로 평화에 도달하게 하는 지, 축제가 왜 축제 기간만이라도 인류로 하여금 평화를 꿈꾸게 하는지를 이해하게 한다. 일/놀이에 대한 존재론적 탐구는 자연스럽게 철학적으로 소유/존재의 개념과 교차적인 상관관계를 이룸으로써 최종적으로 〈놀이와 축제=존재의 회복〉에 이르는 수단임을 알게 될 것이다.

우리가 축제를 명명할 때에 영어로 'ritual'이라고 하는 것과 한자로 '의례(儀禮)'라고 하는 것과 한글로 '굿'

이라고 할 때의 의미는 조금씩 다름을 느낀다. 'ritual' 이나 '의례'라고 하면 보편성을 획득한 것과 같이 느끼고, 굿이라고 하면 어딘가 어수선한 무질서의 난장판 같은 느낌을 갖는다면 이것은 일종의 편견이나 선입견이다. 한국인의 굿을 부르는 명칭은 다양하지만 굿의 규모에 따라 '큰 굿(굿판), '작은 굿'이라고 부르기도 한다. 말하자면 올림픽과 같은 세계적 규모는 '큰 굿 중에서도 큰 굿'이라고 말할 수 있다. 올림픽을 굿판으로 보는 것은 한국문화를 종합적으로, 살아있는 신명나는 놀이로 보는 관점을 제공해준다.

## 2. 88 서울올림픽의 세계평화에의 기여
### - 신들의 평화, 동서고금의 의례

～∽◠ 축제와 스포츠제전은 왜 신체적 열광(熱狂)과 광기(狂氣)에 빠져들면서도 혹은 치열한 신체적 경쟁과 승부를 위한 쟁투가 있음에도 불구하고 결과적으로 인류의 평화에 기여하는가? 이는 신체를 통해 자연적 존재로서의 인간을 회복하기 때문이다.

인간의 일상의 삶은 대체로 제도적 존재 혹은 소유적 존재로서의 삶을 살고 있다. 이는 삶을 영위하기 위해 필요한 것이지만 결국 자신을 어떤 틀에 얽매이는 것으로 인간의 기계화를 요구하는 것이다.

비록 어떤 축제와 제전의 제도적 목적이 있긴 하지만 그 목적은 겉으로 내세우는 것일 뿐 속으로 달성하는 것은 자연성의 표출, 본능의 충족, 그리고 각종 제도적 압력(stress)—자연의 생존경쟁과정에서 습득된 경쟁본능과 집단적 구성원으로서의 권력경쟁 등—에 따른 스트레스의 해소, 그리고 총체적으로 인간의 본래존재를 회복하는 행위이기 때문이다.

## 한국문화와 축제

생활축제는 그 가운데서도 공동체성의 회복이 중요하다. 축제는 종교적인 행사에서 그 기원을 찾지만 종교를 떠나서 일상생활 속에서 축제를 끊임없이 즐겨온 민족이 우리이다. 농업사회 때 만들어진 각종 축제는 오늘날 다시 많은 변형을 만들어내고 향토문화제라는 이름으로 한데 묶어진 채 다음 세대로 전해진다.

현재 우리나라에서 축제라고 거명되는 것은 1천5백90종에 이르고 이를 지역단위로 분류하면 향토문화축제 3백29종, 예술제 29종에 이른다. 축제는 시기별(세시놀이, 연중행사, 별신제) 지역별(강릉단오제, 은산별신제, 하회별신굿놀이) 목적별(치병굿, 진오귀굿, 풍농굿, 풍어제) 등 여러 기준에 의해 분류될 수 있다.[2]

---

2) 한국문화예술진흥원(편), 『문화예술총서(8) 한국의 축제』(한국문화예술진흥원, 1987) 참조.

물론 축제는 단순히 문화의 '내용물의 집합'이 아니라 '내재적인 통합의 원리(law)'가 있다. 이런 축제의 통합(統合)에 관한 한 엄청난 노하우(Know How)를 가진 게 우리 민족이다. 이것은 원천적으로 많은, 잡다한, 다양한 것을 받아들일 수 있는 그릇, 틀을 우리민족이 가지고 있다고 봄이 옳을 것이다.

또 여기엔 지리적 조건(온대, 사계절, 삼한사온)과 체질적 특성(북방민족의 강인한 체질), 그리고 오랜 역사를 통해서 부단한 국제문화와의 접촉·수용이 이루어진 점을 간과할 수 없을 것이다. 정말 다사다난한 민족이었다.

우리의 역사발전은 흔히 역사발전 법칙—시대정신을 발견하고 그것을 개념화함—에 따라 운영되었다기보다는 다분히 정감과 정서(감정)에 의존하는, 축제적(연극적) 진행을 하였다고 하는 편이 옳다. 그래서 역사에서 부단히 침략을 받거나 식민을 당한 경우도 있었다.

하지만 우리는 역사에서 생존하는(살아남는) 방식을 알고 있는 듯하다. 이것이 바로 원초적 생명력을 회복하고 그 생존력을 잃지 않게 하는 축제문화인 것이다. 한 민족은 축제를 통해서 삶을 영위해왔다고 해도 과언이 아니다.

이 말은 우리 민족이 역사적 언어를 가지지 않았다기 보다는 그러한 언어가 부차적인, 좀 더 정확히 말하면 들러리에 불과한 것이었다고 말할 수 있다. 우리 역사의 원동력은 언어라기보다는 신체였다. 대화보다는 사회의 운동 또는 혁명을 통해서 역사발전을 이룩했다고 본다면 지나친 단순화, 비약일까?

한국인에게는 축제로 시작해서 축제로 끝나는, 즉 축제적 순환으로 커뮤니케이션이 완결된다. 예컨대 제국주의니 민주주의니 하는 인류의 역사·사회적 모든 언어는 현상학적인 언표(言表)이다. 이에 더하여 한국인은 축제에 참가함으로써 어떤 신명(神明)과 난장(亂場)에 도달하여야 신체적 존재로서의 본성이 풀리는 측면이 있다. 축제가 끝나면 모든 것은 원점에서 새로 시작된다.

비유적으로 말하자면, 모든 문명은 옷을 어떻게 입느

냐에서 출발하여 옷을 어떻게 벗느냐의 문제로 끝을 맺는다. 옷을 입는 것이 이(理)라면 옷을 벗는 몸뚱어리, 알몸은 기(氣)이다. 한국인은 옷을 완전히 벗는 것(이것은 최고의 자연스러움이지만)의 의미를 안다. 그 순수함은 어떠한 옷이라도 소화하는 능력과 통한다.

한국인은 신(神)들과 통한다. 종국에서는 정(精)·기(氣)·신(神)이 하나(하나의 커뮤니케이션 시스템)임을 아는 민족이다. 축제는 이를 잘 보여준다. 이 지구상에는 장점만 가진 민족과 문화도 없고 단점만 가진 민족과 문화도 없다. 또 한때는 장점이던 것이 단점이 되고, 한때는 단점이던 것이 장점이 되기도 한다. 단지 자신의 특징과 장점을 살릴 수 있는 기회를 얻을 때 문화가 융성하고 확대재생산되는 것이다.

1988년 서울올림픽은 한국 역사상 미증유의 사건이었다. 한국문화의 총동원이었다(姜信杓 1990 : 135~175). 한국문화야말로 여러모로 올림픽에 성공할 요소를 가지고 있었다.

축제는 신체적인 의사소통을 매우 중시하며 궁극적으

로 기(氣)의 커뮤니케이션을 목표하고 있다. 축제, 굿의 구성요소에는 풀이, 놀이 이외에도 공수(空手)가 포함된다(조흥윤 1983 : 11). 공수는 '신령의 말'로 풀이되지만 신(神)과의 소통을 의미한다. 공수는 신령스러운 기운, 즉 영기(靈氣)와의 소통이라고 말할 수 있을 것이다.

서울올림픽은 한국인과 세계인이 함께 기운생동 하는 신들과 교감하면서 인류의 평화를 예축(豫祝)하는 축제였다. 아마도 인류역사상 전쟁이나 정복, 민족 대이동과 달리 평화적으로 다양한 민족, 다양한 문화가 한 데 만나 총체적인 문화교류를 하는 것은 올림픽 만한 것이 없을 것이다.

인간이 자연으로부터 받은 가장 기본적인 소여(givenness)이자 선물인 신체의 경쟁을 통해 승부를 가리는 스포츠를 통해 4년마다 한 번씩 인류의 발전과 평화를 도모한다는 것은 매우 불가사의한 일이다.

올림픽의 공감(sympathy)과 소통(communication)의 기능은 의심할 수 없는 것이 되어버렸다. 이때의 소통이란 가장 기본적으로 서로의 존재확인에서부터 상호 이해, 나아가서 인간으로서의 공감대를 넓히는 '신체-문화-상징-의례'의 문화복합적인 경험을 말하는 것이다. 본래 축제라는 것은 인간 삶의 악센트와 리듬을 주는 것으로 일상의 문화체계(cultural system) 또는 질서(order)와 규칙(rule)을 축제기간 동안 벗어나서 일탈과 해방을 꿈꾸는 것을 말한다.

축제는 관념이 아니라 몸과 몸이 부딪히는 '신체적 만남'을 통해 가장 종합적인 감정교류의 장(場)이 되는 것인데 때때로 기존질서로부터의 해방과 함께 극단적이고 광적인 난장트기(orgy)에 이르기도 한다. 그러나 축제가 끝나면 일상으로 돌아가는 것이 바로 축제의 특징이기도 하다. 따라서 축제는 일상을 위한 균형잡기로서의 의미를 갖는다.

축제가 일상의 반(反)운동·반(反)체제가 되던, 확대 재생산이 되던, 그것의 복합적인 구성내용 - 음악, 무용, 연극, 미술, 문학, 종교 등 문화총체성 - 은 문화의 상징성을 갖는다. 이런 점에서 올림픽이야말로 고대(古代) 인류의 제의(祭儀)가 가장 많이 전승, 보존된 현대(現代)

의 제의이며 이에 대한 연구는 축제의 현대적 의미부활과 함께 인류전체에서 갖는 보편성 상징-의례성을 탐구해 볼 수 있는 중요한 자료가 된다. 올림픽은 축제로서는 물론이지만 종합적인 놀이의 의미로서 외연을 넓히게 된다.

놀이라는 관점에서 말(言)놀이와 달리 몸(身體)놀이에 해당하는 것이 바로 일상축제(祝祭)와 스포츠제전(祭典)이다. 몸놀이는 의미를 추구하는 것이기보다는 생기성(生氣性)과 맞닿아있는 퍼포먼스이다. 인간의 신체는 언제나 인간의 말(言)과 달리 생멸 과정에 있는 본래존재이다. 여기서 생기성이라는 것은 무엇보다도 신체의 살아있음을 확인하는 것이고, 그러한 살아있음의 확인과 표출을 통해서 인간의 욕망을 충족시켜주는 행위임을 의미한다.

물론 축제와 스포츠에도 어떤 목적이 있고, 승패를 추구하는 것이 있긴 하지만, 축제는 공동체를 확인하면 다시 일상으로 돌아가는 것이고, 스포츠는 승리한 쪽이나 패배한 쪽이나 결국 잠시(한시적으로) 만족하고 돌아서는 것이다.

그러한 점에서 축제와 스포츠는 인간의 신체적 욕망과 본능이 해결된다기보다는 해소되는 장치라고 말할 수 있다. 이러한 과정을 우리는 소유적 존재 혹은 제도적 존재의 일상적 삶에서 잠시 생성적 존재 혹은 신체적 존재로서의 인간을 확인하고 즐기는 것이라고 말할 수 있을 것이다.

축제와 스포츠는 기호학적 의미에서 의미를 추구하기보다는 차라리 삶 자체를 즐기는 '무(無)의미의 의미'를 추구하는 것이라고 말할 수 있을 것이다. 이때의 무의미는 '의미 없음'이 아니라 말로 표현할 수 없는 의미, 존재 자체를 느끼는 만족이나 환희와 같은 것이라고 말할 수 있다.

축제와 스포츠가 왜 인간의 제도적 삶에서 발생하는 갈등과 분쟁을 막거나 최소한 완화 시키고 종국에는 '영원한 평화'는 아니지만 한시적인 평화의 달성에 기여하는 지를 알 수 있다.

인간의 신체는 자연과 연결된 것이다. 신체를 통해서

인간은 자신이 자연의 일부임을 느끼거나 깨닫고, 자연의 전체성에 참여함으로써 심신(心身)의 평화에 도달하게 된다. 그래서 인간의 삶에서 축제와 스포츠는 반드시 필요하기 때문에 축제나 스포츠가 없는 인류문명은 없다.

인간은 동물의 본능과 자신의 본능을 구분하기 위해 자신의 본능을 본성이라고 하고, 동물의 본성을 본능이라고 하였다. 이것 자체가 현상학적인 개념규정이다. 인간은 이성과 끝없는 욕망의 동물이다. 끝없는 욕망은 동물의 본능과 다른 인간의 본성을 의미하는데 이것 자체가 바로 이성이다. 동물의 욕망은 끝없지 않다.

인간은 동물의 본능을 폐쇄된 체계라고 하였는데 이는 자신의 개체(혹은 종)에서는 폐쇄적이지만, 자연의 생태계에서는 결코 폐쇄적이지 않다. 자연의 생태계는 서로에게 열려있는 삶의 체계이다. 그런데 인간의 이성이 자연의 열린 삶(삶의 체계)을 자신의 닫힌 이론체계(앎의 체계, 지식체계)로 이해했을 뿐이다. 그런 점에서 앎의 체계인 철학 자체가 바로 삶의 체계인 자연에게는 배반적인 속성을 가지고 있는 지 모른다.

자연의 생태학으로 보면 동물의 본능이야말로 열린 체계이다. 인간의 앎의 체계야말로 닫힌 체계이다. 그래서 자연과 분리된 어떤 천리(天理) 혹은 천명(天命)이라는 것은 인간이 만들어낸 가상의 세계이다. 천리와 천명은 가상의 세계이기 때문에 원형(원인, 주체, 시작)과 변형(결과, 대상, 끝)의 모습으로 계속 시대(역사)에 따라 재생산되지 않으면 안 된다. 그러나 이런 재생산(공간의 차이와 시간의 지연으로서의 차연 혹은 차이의 복제와 연장)은 자연의 재생산과는 다른 것이다.

결국 인간은 신체에 의해 자신이 자연성, 신체적 존재로서의 자신(自身)을 깨닫지 않을 수 없다. 이것이 바로 운동이고, 축제이고, 축전이다. 신체적 인간이야말로 바로 생멸적(생성적) 인간을 회복하는 것이다. 인간이 책상머리에 앉아서 철학적으로 '죽음(죽을 인간)' 혹은 '종말- 구원' 혹은 '깨달음- 열반'을 설정하고 어떤 '역사적 기원(origin)' 혹은 '천지창조', 혹은 '무명(無明)'을 말하는 것은 모두 현상학적인 궤도(굴레, 닫힌 체계)의 소산이다.

그렇다면 진정한 본래존재는 자연 혹은 본능이라는 것을 깨닫게 된다. 인간의 역사는 지금껏 자신의 본성에 속은 자기기만의 역사이다. 역사와 철학, 역사철학 자체가 절대정신, 순수이성이라는 자기기만의 산물이다. 그런 점에서 현상학의 하이라이트인 자연과학은 인간 종에게 언젠가는 나쁜 결과를 가져올 것이다. 물론 자연과학과 기술은 그 동안 인간의 역사에서는 인간으로 하여금 종을 영속시키는 수단(목적)이 되었을지라도, 자연과학기술 자체가 자연의 열려진 체계 속에 닫혀 진 하나의 (인간의) 체계일 뿐이다.

운동과 축제와 축전은 신체를 가진 인간이 바로 자연의 생멸적 사건에 참여하면서 순응하고 즐기는 '기쁨의 사건', '놀이의 사건'이고 존재론적인 사건이다. 이는 신체의 시(詩)짓기와 같은 것으로서 결국 신체적 예술의 승화(카타르시스, 쾌락, 열락)에 이른다.

자연과학과 도덕이 현상학적인 사건이라면 도리어 운동과 축제는 존재론적인 사건이다. 신체는 심물일체가 실현되는 장소이고, 신이 거주하는 장소이다. 말하자면 신체는 타락할 수 있는 육체나 물질이기 전에 신성한 존재의 장소이고, 존재방식이다. 신체는 단지 기관이 아니다.

<도표5> 현상학적 사건과 존재론적 사건

| 현상학적인 사건 | 자연과학기술, 학문 | 이론적 사건, 철학적 사건 | 인과적 사건 |
|---|---|---|---|
| 존재론적인 사건 | 운동, 축제, 축전, 예술 | 기쁨의 사건, 놀이의 사건 | 생멸적 사건 |

　신체는 천지인이 순환하는 장소이고, 만물은 신체이다. 이때의 만물은 물질이 아니고 물(物)이며 동시에 심(心)이다. 신체는 심물일체(心物一體), 만물만신(萬物萬神)이 이루어지는 장이다. 천지인은 시대와 상황에 따라 여러 가지 모습으로 변형된다.

　인간은 각종 사회적·문화적 체계 속에서 살고 있다. 이러한 체계는 대개 경직된, 다시 말하면 인간 개체에게 사회유지를 위해 강요하는 상징체계로써 집단유지라는 기능과 함께 개인의 구속이라는 또 다른 의미를 갖는다. 이 때문에 축제는 해방적 의미를 축제의 참가자에게 줌으로써 삶에 리듬감을 준다.

독일의 현대 철학자 헬무트 쿤(1962 : 13~55 재인용)은 예술에 대한 이해를 위해 "역사적으로 생각해 보는 것"과 "현상학적으로 생각해 보는 것"이라는 두 가지 방법을 제시하고 있다. 그는 『예술작품의 본질과 효과』의 서문에서 '축제'와 '예술작품'에 대해 이렇게 설명하고 있다.

"예술작품의 생명은 효과이다. 단지 이 경우의 효과는 예술작품의 본질에서 유출된 것이 아니다.……예술작품이 역사적으로 존재하는 방식에는 변전이 있으며, 그 변전에 따라 예술작품의 기본적인 생명형식도 나누어지게 마련이다. 즉 예술작품은 축제 속에서 지난 세대를 산다. 다음에 그것은 해방의 일격에 의해 자유로운 몸이 되고 예술작품으로서의 모습을 나타낸다. 이때 축제는 예술이 살아가는 장소로서 또한 모든 예술을 정리, 통합하기 위한 원리로서 보존되어 있다."

여기서 '예술의 장소'로서의 축제가 핵심내용을 이루는데 이것은 예술이 단순히 축제에서 유래했다는 것만이 아니라 축제성에서 발하는 영기(靈氣 ; Aura), 즉 불가사의한 방사(放射) 현상 속에서 산다는 것을 말한다.

엑스타시적인 것으로의 축제는 타성적인 일상생활, 전투(전쟁)와 노동(생산)으로 채워지는 생활로부터 탈출을 꿈꾸게 한다.

쿤은 축제의 존재발생으로 10가지를 든다(1962 : 363~416 재인용). ① 축제는 고유한 시간형식을 가진다. ② 축제는 고유한 공간, 즉 축제 공간을 요구한다. ③ 축제의 핵심은 기분(Stimmung)에 있다. ④ 축제의 동기는 반복되는 사건이나 일회적인 사건이다. ⑤ 축제를 통해서 일상적 삶을 정돈한다. ⑥ 축제는 일상적인 삶의 압박으로부터 자유롭다. ⑦ 놀이와 그것의 직관은 상호 밀접하게 섞여서 축제에 속하고 있다. 즉 축제는 자신 속에서 스스로를 반영한다. ⑧ 축제는 다소간 엄밀히 준수되는 규칙에 따라 계획되고 수행된다. 즉 축제는 연극이나 무용과 유사하지만 축제의 계획은 즉흥적인 유희공간을 허용해야 한다. ⑨ 축제는 시간적 경과에서 삶을 뛰어 넘으면서 다시 삶을 정렬하고 동시에 삶 속으로 번져 들어간다. 일상과 축제사이에 매개물이 없게 된다. ⑩ 축제는 자기 자신을 넘어간다. 이것은 축제의 종교적 성격과 통한다. 등을 주요 내용으로 하고 있다.

이상에서 축제는 '예술의 장소'로서의 역사성과 함께 끝내 종교적 성격을 가짐으로써 현상학적인 연구대상임을 알 수 있다.

축제는 비단 사회·문화적 체계에서 요구되는 것만이 아니라 자연의 질서에서도 요구된다. 이때에도 '자연의 질서에 대한 순응(적응)'이라는 측면과 '자연으로부터의 해방(개발)'이라는 이중적 의미를 갖는다. 다시 말하면 자연으로부터 의식주(衣食住)를 얻기 위해 일(노동)을 해야 하는 인간이지만 끊임없이 '일이 아닌 놀이'를 추구해야 하며 이러한 놀이는 놀이로 끝나는 것이 아니라 '새로운 일'이 되기도 하는 '일과 놀이'의 상호보완 관계 또는 상호가역(可逆) 관계에 직면한다.

이상에서 볼 때 축제는 자연적·문화적 체계에 대한

'적응과 일탈'의 이중적 몸짓을 하고 있음을 알 수 있다. 따라서 축제의 상징(象徵)은 경직된 언어가 아닌, 유연성을 갖춘 다의미적(multi-vocal) 언어이며 신체적 만남으로 인해 어느 일방의 관념적인 체계 또는 심리주의(心理主義)에 빠지는 것을 허용하지 않는다.

축제적 만남, 그것은 더 이상 인간의 머리의 산물도 아니고 신체 자체만의 산물도 아니다. 신체적인 맥락(somatic context)과 신체외적인 맥락(extrasomatic context)이 왕래하는 가운데 일어나는 현상인 것이다. 그런 점에서 축제의 상징은 역동적(가역적)상징이며 정신과 육체를 통합하는 상징이다. 축제의 상징은 역사적 상징이며 동시에 구조(신화)적 상징이다. 문화(culture)가 진정 복합적 총체성(complex whole)이라면 바로 축제의 상징을 통해 그것이 가장 잘 드러나는 것이라고 보아도 무리가 없을 것이다.

88 서울올림픽이 품고 있는 중층적 의미를 해독하는 일은 하나의 이벤트(event)로 지나가 버린 행사를 언어(코드)로 고정시켜 보면서 작게는 올림픽이 담고 있는

한국사적 의미, 크게는 세계사적 의미를 탐구해 보는 작업이 될 것이다.

서울올림픽은 또 역대 어느 올림픽보다 각종 문화예술행사가 풍부했다. 세계의 눈들을 경이에 차게 했던 개·폐회식 문화축전을 비롯, 전통(古)과 현대(今), 동(東)과 서(西)의 인류문화가 한데 어우러진 대 파노라마를 연출했다. 이러한 각종 문화예술 행사들이 담고 있는 의미분석은 인류문화가 내포하고 있는 의미를 추출해 볼 수 있다는 점에서 더욱 더 값진 것이 될 것이다.

서울올림픽에 대한 학문적 연구는 올림픽 자체에 대한 연구일 뿐만 아니라 인류의 과거를 돌아보고 미래를 내다보는 한편 한국과 세계의 장래까지도 어느 정도 예상할 수 있는 코드(code)를 제공하는 일이 될 것이라고 본다.

88년 9월 17일부터 10월 2일까지 잠실 주경기장을 비롯한 전국에서 열렸던 서울올림픽은 성공적으로 끝났다.

서울올림픽의 성과는 보기에 따라서 긍정적으로 또는

부정적으로 평가할 수 있을 것이다. 최협(1990 : 378 - 389)은 서울올림픽이 한국국민의 신체적, 사회적 건강의 수준을 높이는 데 기여하지 못했다고 보았다. 그는 또 서울올림픽이 한국인의 결속감을 높이는 데에 부정적인 평가를 내렸다. 한국 내의 지역주의자들, 사회개혁가들, 민족주의자들을 중심으로 일어난 올림픽반대 운동을 그 예로 들었다. 그는 올림픽이 남북한 간의 긴장완화에도 오히려 부정적인 영향을 미쳤다고 보았다.

그러나 서울올림픽대회 조직위원회 평가위원회 박재 위원의 설문조사를 비롯, 35개국에서 온 100여명의 외신기자들을 대상으로 한 중앙일보의 여론조사, 88년 갤럽여론조사 등은 서울올림픽을 성공적으로 평가하고 있다. 한국개발연구원이 서울올림픽이 끝난 후 낸 보고서 "서울올림픽의 의의와 성과"는 외교, 안보, 문화, 정치, 경제 등 사회 각 분야에 큰 성과를 가져왔다고 평가하고 있다(김종기외 1989 : 237 - 244).

북한의 방해공작과 냉전체제가 제공하는 여러 불확실성을 제거하고 끝내 국민의 단합된 힘과 지혜로 그 어떤 올림픽보다 완벽한 올림픽사의 금자탑을 세우고 막을 내렸다.

서울올림픽대회 조직위원회는 서울올림픽의 성공방정식으로 다음과 같은 공식을 만들었다.

SO = (Acts)5 × (P + F)2 × SN

- S : South Korea 국내안정
- N : North Korea 북한의 위협
- ACTS : 조직위의 20대 임무
- (P + F) : Planning, Personnel(기획, 사람), Facilities, Fund(시설, 자금)

위의 방정식을 보면 조직위의 20대 임무가 5승(乘)으로 가장 높은 비중을 두고 그 다음 '기획·사람·시설 자금'에 2승(乘)을 두었음을 알 수 있다. 그런데 이러한 것이 충족된다 해도 북한의 위협이 작아지고 국내 안정이 높아져야 서울올림픽의 성공률이 높아진다고 작성되어 있다. 북한은 결국 남북단일팀 구성에도 거부하고 올림픽에 불참하고 말았다. 또 이른바 '마유미사건' '김포공항폭발물사건' 등을 야기, 불안을 가중 시켰다.

대회조직위가 작성한 또 하나의 다른 공식은 위의 방정식이 계량적인 데 비해 매우 질적인 것이다. 말하자면 전자가 정량분석(定量分析)이라면 후자는 일종의 정성분석(定性分析)이면서 한국전통의 천지인의 순환론적인 분석에 해당한다.

W = X. Y. Z

W = 문명(文明)

X = 천시(天時)

Y = 지리(地理)

Z = 인간(人間)

이 공식은 인류의 문화와 문명의 본질을 시간, 장소, 인간 노력의 삼위일체적(三位一體的) 산물로 보고 이를 한민족의 뿌리인 동이문화(東夷文化)의 내용인 천(天)·지(地)·인(人)의 3재(三才)사상과 음양(陰陽)의 태극조화사상(太極調和思想)과 대응시키고 있다.

한국인이 얼마나 올림픽의 성공을 염원했는가는 단기(檀紀) 4320년(서기 1987년) 즉 서울올림픽의 한 해 전 연도가 60갑자(甲子)로 나누어 볼 때(4320÷60 = 72) 완전히 끊어지는 '완숙의 해'라고 보고 서울올림픽 당해 연도인 단기 4321년이 '새로운 시작'을 의미한다고 풀이한데서도 단적으로 확인할 수 있다.

서울올림픽의 폐막에 즈음한 세계 유력 언론매체들의 논평기사는 이 대회가 매우 성공적이었음을 말해주고 있다. 비록 올림픽은 지나갔지만 오랫동안 한국인의 기억에 남아 한국인의 긍지로 작용하는 한편 국가발전과 세계평화에 이바지하는 계기가 될 것으로 짐작된다.

| | |
|---|---|
| 학술행사 | 서울올림픽 국제학술회의가 대표적이다. 이 회의는 '후기 산업시대의 세계공동체'를 주제로 1988년 8월 21일부터 9월 8일까지 서울의 아카데미 하우스와 힐튼호텔에서 열렸다. 또 이에 앞서 올림픽을 1년 앞두고 한국일보가 주최한 제1회 국제올림픽문화학술대회를 들 수 있다. 이 행사는 '올림픽과 동서남북 문화교류'를 주제로 1987년 8월 17일부터 8월 19일까지 타워호텔에서 열렸다. |
| 예술행사 | 잠실 메인 스타디움에서 열린 개폐회식행사, 성화봉송행사, 그리고 전통예술, 음악, 연극, 무용, 미술, 문화재, 대중예술, 영화분야 등 각종 문화, 예술분야가 포함된다. |
| 지방축제 | 성화 봉송 행사에는 총 2만여 명의 주자 요원이 참가했고, 성화가 안치되는 각 시도(21개 도시) 대도시에는 성화 숙박 2~3일 전후 지방축제가 벌어져 수백, 수천, 수만 명의 공연자와 관중이 참가했다. |

서울올림픽은 한판의 거대한 굿판이었다. 굿은 '비의(祕儀) - 신들에게 공물을 바치고 축원하는 천신의 신성의례 - 와 그 뒤를 따르는 신인공락의 '음복(飮福)'이라는 이중구조를 지닌 제의이다(김택규 1990 : 437 - 438).

서울올림픽을 굿판으로 보는 가장 큰 이유는 참여, 협동, 재생산이라는 굿의 원초적 기능이 있기 때문이다. 서울올림픽의 경우 23개 종목, 237개 경기에서 선수·임원 등 1만 4천 명, 조직·인원 7만 명, 문화예술 관람자 1천만여 명, 그리고 간접적인 참가자 – TV시청자 – 를 합치면 전체 참여자는 엄청난 숫자이다.

　협동이라는 측면에서도 서울올림픽은 올림픽 사상 초유의 것이었다. 자원봉사자가 2만 7천명, 성화봉송주자가 2만 1천명(자원봉사신청자는 12만 명이었다), 줄잡아 한국민의 반은 서울올림픽에 직·간접으로 참가한 셈이 된다. 특히 자가용 승용차 홀짝수제는 국민들의 협동정신이 아니고서는 불가능한 것이었다.

　마지막으로 재생산의 측면에서도 한국의 국가발전과 국제질서의 새로운 구축을 통한 세계평화의 새로운 모색과 기대 등을 들 수 있을 것이다.

　올림픽 그것은 인류의 가장 값진 축제이며 인간본연으로 돌려주는 행사로 인간 삶의 원초적 신화성(神話性)을 간직한 것이다. 특히 서울올림픽은 동(東)과 서(西),

고(古)와 금(今)이 만난 가장 축제다운 축제였다고 말하고 싶다. 서울올림픽은 인류평화를 예축(豫祝)한 가장 성공적인 지구촌 축제였다.

## 3. 굿으로 본 서울올림픽의 의례성

╭╮╯ 서울올림픽 축제를 한국의 전통 '굿'의 틀로 바라보는, 말하자면 '굿의 해석학'이라는 관점은 많은 다원 다층의 의미들을 보여준다. 서울올림픽은 한 판의 거대한 굿판이었다, 서울올림픽은 경기는 물론이고, 경기와 더불어 거행되는 식전식후 공식행사와 올림픽 기간 중에 벌어지는 각종 문화예술 축전, 올림픽 학술행사, 그리고 전국을 도는 성화 봉송을 맞는 지방문화(민속)축제행사를 통해 전 국토와 전 국민이 세계인을 손님으로 맞아서 벌이는 한국역사상 가장 '큰 굿판'이었다.

서울올림픽을 '큰 굿판'이라고 볼 때 인류학 혹은 상징인류학적으로 원용할 수 있는 이론은 맥컬룬의 스펙터클이론이라고 할 수 있다. 스펙터클이라는 관점에서 올림픽연구의 문을 연 맥컬룬은 올림픽이 '의례, 게임, 축제'의 요소가 함께 들어있는, 의례의 리미널(liminal)한 성격이 분화된 리미노이드(liminoid) 축제라고 보았다. 맥컬룬이 그렇게 보는 까닭은 그의 스승인 빅터 터너의 축제이론의 전통 위에 자신의 이론을 전개한 때문이다. 올림픽에는 다분히 통과의례의 의례적인 성격이 들어있다. 또한 경기와 축제의 성격을 동시에 가지고 있는 경기축제인 올림픽에는 경기적 요소와 축제적 요소가 동시에 들어 있을 수밖에 없다.

맥컬룬은 올림픽의 메시지는 '혼합된 메시지(mixed message)'라기보다는 '초월적 메시지(meta-message)'의 성격이 있음을 지적하고 있다. 여기서 초월적 메시지라는 것은 무엇보다도 올림픽이 추구하는 '진정한 국제주의(true internationalism)'에 따른 '국제간 혹은 인류의 평화'라고 할 수 있을 것이다. 우리는 흔히 올림픽을 스포츠경기를 통해 승부를 겨루지만 '참가에 의의'가 있고, '평화의 축제'임을 강조한다.

인류의 이상은 자유와 평등, 우정(혹은 박애), 그리고 평화이다. 빅터 터너는 축제 속에 이러한 요소들이 들어가 있음을 주장했다. 이렇게 보면 이들 이상은 역사적으로 지향하는 이상일 뿐만 아니라 축제 속에 내재된 고유의 성격, 즉 하이데거가 말하는 존재론적인(ontological)인 성격을 지니고 있다고 볼 수 있다.

빅터 터너와 맥컬룬은 의례와 연극과 축제를 현상학적인 입장에서 바라보았지만, 필자는 여기에 존재론적인 측면이 내재해 있음을 철학인류학적인 입장을 통해 전개하고 있다.

예컨대 올림픽에서 존재론적인 평화라는 것은 경기를 통해 경쟁을 벌이는, 그래서 국가에 메달을 안겨주는 국가 간의 경쟁적 요소보다는 4년 마다 주기적으로 선수와 임원과 관람자들이 직접 신체적으로 만나서 우정을 나누고, 텔레비전을 시청하는 세계의 관람자들은 정보매체를 통해 인류가 하나 되는 환상(이미지)을 가짐으로써 달성되는, '지구공동체의 평화'의 성격이 들어있다. 여기에는 신체적 존재로서의 의미가 있는 것이다. 필자는 신체의 존재론과 이를 바탕으로 축제의 존재론이라는 입장에서 서술하였다.

굿의 과장은 대체로 준비과장, 거리과장, 종결과장의 세 종류로 나뉜다. 또 각 거리과장은 청신(請神), 오신(娛神), 송신(送神)의 구조를 가진다. 서울올림픽의 구조를 굿, 구체적으로 한풀이굿 및 천신굿과 비교하면 앞풀이(부정물리기, 준비과장)에 해당하는 것이 성화 봉송행사, 강상제, 길놀이, 개회식이고, 본풀이(신부름, 거리과장)에 해당하는 것이 각종 경기와 각종문화예술출전이고, 뒷풀이(천도굿, 종결과장)에 해당하는 것이 떠나가는 배, 폐회식이었다.

서울올림픽의 의의는 '손에 손잡고'라는 올림픽노래에서 상징적으로 드러난다. 이 노랫말에는 '벽을 넘어서'라는 후렴의 말과 함께 노랫말의 키워드를 보면 1절의 경우, 하늘, 불, 가슴, 영원, 길을 들 수 있다. 2절의 경우, 팔, 고요한 아침, 평화 등을 들 수 있다. 1절과 2절은 대구를 이루고 있다. 1절은 어떤 목표나 목적으로 나아가는 현상학적인 주제어로 구성되어 있다. 2절은 그러한 목표나 목적에 도달한 존재론적인 주제어로 구성되어 있음을 볼 수 있다.

'굿의 의례성'이라는 관점으로 서울올림픽을 보면 철학적 의미는 다음과 같다.

첫째, 굿은 어떻게 놀이하느냐 하는 것보다는 놀이 자

체를 즐기는 심리 혹은 의식-무의식으로 보인다. 그런 점에서 현대의 복잡화된 도시적기계적 삶의 환경에서 굿(놀이)을 하는 것은 자연적 존재성을 회복하는 기회라고 말할 수 있다.

둘째, 올림픽이 개최되기 전에 일상의 '일의 공간'에 있던 지구촌의 사람들은 올림픽과 함께 '놀이 공간'으로 들어오게 된다. '일'은 '속(俗) – 질서 – 일'에 속하는 것이라면 '놀이'는 '성(聖) – 무질서 – 놀이'에 속한다. 서울 올림픽을 구조적으로 해석하면 ①성스러운 놀이공간으로서의 의미와 ② 그 공간에서 일상의 질서에 대한 무질서의 추구로 볼 수 있지만, 올림픽경기에는 나름대로의 규칙이 있으며, 이러한 축제는 일상으로 돌아가도록 예정된 일탈의 성격이 강하다.

셋째, 올림픽의 이상인 정신과 육체의 일원적인 통합을 추구하는 것도 일상의 삶의 문화문법이 정신과 육체의 이원적인 분리를 기초로 하는 것에 대한 반작용으로 볼 수 있을 것이다. 운동경기가 게임의 원칙에 따라 치열한 경쟁과 위계를 정한다고 해도 그것은 존재의 근본을 경험하는 '신체로서의 귀향'인 까닭에 평화에 도달하게 됨을 알 수 있다.

넷째, 서울올림픽을 둘러싸고 벌어졌던 정치구조인 '지배 – 피지배' 구조는 한국문화의 연극의례성과 정치지향성을 드러냈다. 한편에서는 민주화운동에 기여하면서 다른 한편에서는 패거리의식 혹은 당쟁과도 긴밀한 관련을 맺는 등으로 한국사회의 발전에 긍정부정의 양면성을 보였다.

다섯째, 서울올림픽을 통해 한국인이 얻는 교훈은 '굿의 존재론적 성격'을 깨달아서 국가적 차원에서 대동단결하여 큰 무당(큰 인물, 큰 지도자)을 중심으로 뭉칠 때, 한국문화의 원형인 '굿의 의례성(굿성)=놀이성'을 부활하는 계기를 만나게 되며, '굿의 신바람'을 통해 국가의 문화능력을 키우고 세계평화를 기여하는 힘을 얻게 될 것이라는 점이다.

서울올림픽은 한국의 축제에 보이는 '굿의 의례성'을 서양에서 비롯된 근대정신인 합리성을 내포하는 새로운 '굿의 정신', 다시 말하면 '마을공동체의 굿의 정신'을

'국가단위 혹은 지구촌의 굿의 정신'으로 확대재생산하는 계기가 되었으며, 이러한 올림픽의 정신을 오늘에 되살릴 때 한국의 문화도 발전하게 될 것을 기대할 수 있다.

## 서울올림픽의 역사구조적 의미

끝으로 서울올림픽의 역사구조적 의미를 고찰해 보자.

서울올림픽은 22회 모스크바올림픽과 7회 로스앤젤레스올림픽과 근본적으로 달랐다. 양 대회가 이데올로기의 대립으로 인한 반쪽 대회였다면 서울대회는 전 세계 1백 60개국이 참가한 완벽한 대회였다. 23개 종목에 3만 9천 3백 7명이 참가하여 세계신기록 33개, 세계타이 5개, 올림픽신기록 2백 27개, 올림픽타이 42개 등 기록도 풍성했다.

영국의 신문 "더 타임즈"는 서울올림픽에 대회 "금메달을 딴 서울올림픽"이란 제하에 다음과 같이 논평했다.

"한국인들은 독일인과 같은 조직력과 동양의 예절과 문화, 미국인과 같이 산적인 점을 골고루 갖추고 있었기 때문에 실패란 있을수 없다."

서울올림픽은 다음과 같은 의미구조를 인류에게 보여주었다.

첫째, 인류는 새로운 문명의 질서를 모색하고 있다. 후기산업사회는 이를 위해 새로운 지구촌이라는 공동체 건설의 과제를 안고 있다. 이러한 공동체는 서양의 "지역과의 대립"보다는 동양의 "자연과의 화해정신"에서 기초를 다져야 한다.

둘째, 지구촌의 문화·예술은 지금까지 크게 동서남북이라는 4지역 구도를 구축해왔다. 세계문화는 동양문화의 화이부동(和而不同)의 원칙을 따라 현재 지배적인 서구문화의 우월성을 타파하고 문명 간에 평등한 교류와 소통을 실현해야 함을 보여줬다.

셋째, 현대사회의 평화에 대한 갈망이다. 올림픽은 그 자체가 이미 인류평화를 추구하는 행사이지만 모스크바, 로스앤젤레스는 미 – 소 양국의 대립으로 인한 반쪽 대회였다. 그러나 서울올림픽은 냉전의 희생양인 한국이 온갖 장애를 극복하며 치러낸 온쪽 올림픽으로 평화에 대한 인류의 염원을 나타낸다.

넷째, 서울올림픽을 통한 한국의 국제적 지위 향상과 민주화의 진전을 꼽을 수 있다. 한국은 동서남북문화의 교차점에서 파란만장한 역사를 겪어왔다. 한편으로는 각 시대마다 국제문화를 접함으로써 문화적 지평으로 넓힐 수 있었다.

더욱이 한국의 고대사가 포함되는 동북아시아 일대의 동이족은 최근 고고학적 발굴성과에 힘입어 문명의 발상지로서 새롭게 부상하고 있다. 동북아시아 일대는 예로부터 신선사상이 풍미한 지역으로 특히 이 사상이 "신들의 평화"를 표방한 유일의 신화체계라는 점에서 서울올림픽은 또 다른 의미를 가진다. "신들의 평화"의 신화가 탄생한 지역에서 "인류의 평화"를 기원하는 올림픽이 열린 셈이다.

서울올림픽은 온갖 고초와 시련을 겪게 하였지만 결과적으로 한국을 사대식민지의 나라에서 다시 스스로 세계의 주인 자리에 올라서도록 만든 일대 반전의 잔치였다. 6·25전쟁, 그것도 동족상잔이라는 전쟁의 참화에서 다시 일어나서 선진국으로 나아가는 상징적 신호였던 셈이다.

## 서울올림픽과 소련 및 동구권해체 도미노현상

서울올림픽이 열리기 전 1975년(4월 30일), 베트남이 베트콩(북베트남)에 의해 멸망하자 공산주의 도미노현상이 한국에서 일어날까 박정희대통령은 노심초사하였다. 미국 카터대통령이 주한 미군 일부를 철수하자 박대통령은 효과적인 자주국방을 위해 핵개발을 염두에 두는 등 한미관계가 위기를 맞기도 했다.

아시아농업지역은 사회구조적으로 항상 공산주의의 침략에 노출되어 있었다고 해도 과언이 아니었다. 한국은 1979년 10,26사태로 박정희대통령의 서거와 함께 북한의 대남적화(남조선해방전쟁)의 야욕 앞에 적나라하게 노출되어 있었다. 12.12 사태 등 여러 정치적 우여

곡절 끝에 수립된 제 4공화국 전두환 정권은 서울올림픽을 유치하였고, 1988년 서울올림픽을 성공적으로 개최하기에 이르렀다. 서울올림픽은 자유진영(대한민국)이 공산진영(북한인민민주주의공화국)과의 체제경쟁에서 우위와 승리를 거둔 것을 역사적으로 증명하는 계기가 되었다. 더욱이 베트남공산화와는 정반대의 자유주의도미노현상을 촉발하였다.

서울올림픽을 전후로 소련과 중국을 비롯한 동구권과의 외교관계 수립이 점진적으로 이루어졌고, 특히 동구권의 여러 나라들은 한국의 발전상에 크게 놀라워하면서 한국을 부러워하게 되었다.

서울올림픽의 성공적 개최는 소련을 비롯한 동구권의 개혁과 개방, 해체를 불러왔다. 그 신호탄은 베를린 장벽의 붕괴였다.

▲베를린 장벽의 붕괴(1989년 11월 9일) ▲한국과 소련수교(1990년 9월 30일) ▲동서독통일(1990년 10월 3일) ▲소련해체(1991년 12월 8일) ▲한중수교(1992년 8월 24일)로 이어졌다. 노태우정권은 북방외교를 통

해 공산권 45국과의 수교를 이루었다.

　　서울올림픽은 공산종주국인 소련의 해체와 더불어 동구권의 몰락과 독립을 가져왔다. 이것을 종합적으로 서울올림픽 도미노현상이라고 불러도 좋을 것이다. 월남패망과 함께 사회주의의 도미노현상을 걱정하던 한국은 사태를 역전시켜서 보기 좋게 공산권붕괴라는 도미노현상의 기폭제가 되었다.

# 2002 한-일 월드컵과 평화

제 3 장

## 2002 한-일 월드컵과 평화

### 1. '붉은 악마'에 대한 문화인류학적 분석
### - 개인적 도덕과 집단적 힘의 역동성에 대하여

#### 1) 붉은 악마의 숨은 의미

우리 민족은 참으로 축제의 민족인 것 같다. 축제에 대한 노하우는 거의 본능적 수준이라고 할 것이다. 어떻게 그토록 짧은 시간에 그토록 많은 것을 소화해내는 것인지, 신기할 정도이다. 이것은 지난 88년 서울올림픽과 2002년 한일월드컵에서 여실히 증명되었다.

한국인들은 왜 2002년 '한-일 월드컵'에서 자발적으로 형성된 시민, 혹은 국민응원단의 이름을 '붉은 악마'라고 말하였을까. '악마'라면 굳이 기독교 사상으로 보지 않을 때에도, 적어도 불교사상으로도 그렇고, 유교사상으로도 그런, 가장 부정하고 싶은 이름이고, 두려워하고 저주하는 이름이다. 기독교 사상으로 볼 때는 여호와 절대신을 배반하고 도전하여 인간으로 하여금 낙원에서 타락하게 한 장본인인데 왜, 하필, 우리는 악마라는 이름을 응원단의 이름으로 사용하였을까. 또 악마의 이름 앞에 '붉은'이라는 형용사를 사용하였을까? '붉은'이라는 말이 가진 이름의 의미는 무엇일까?

'붉은 악마' 이름의 유래는 1983년 멕시코 세계 청소년 축구대회로 거슬러 올라간다. 우리 대표팀은 아무도 예상치 못한 4강에 올라 세계를 놀라게 하였고 당시 외국의 언론들은 우리 대표팀을 '붉은 악령'(Red Furies) 등으로 부르며 놀라움을 표시했다. 이 표현이 국내에 번역되어 '붉은 악마'로 표기되었으며 영문으로 보다 일반적인 단어인 '레드 데블즈'(Red Devils)로 나타났다. '붉은 악마'라는 이름 속에는 세계 축구의 정상에 오르길 염원하는 국민들의 마음이 담겨있다. '붉은 악마'는 응원조직이 아닌 단체관람객 조직으로 200여 명으로 출범했다. 하이텔 축구동호회 등을 통해 친분을 쌓던 사람들이 1995년경, PC통신을 통해 연락을 취했다. 이처럼 축구 사랑의 심정으로 자리잡은 '붉은 악마'가 만들어진 것은 1997년 프랑스 월드컵 예선전을 앞두고 "함께 모여 응원하자"는 의견이 자연스럽게 나왔다. 당시 이름은 '그레이트 한국 서포터즈 클럽'이었다. 한국 축구 대표팀의 선수복 색깔에 맞춰 '붉은 악마'로 개칭했다.

세계에서 보기 드문, 천만의 신도를 자랑하는 기독교 주류의 대한민국이 '사탄'이라는 뜻의 악마를 사용할 리는 없다. 그래서 붉은 악마라는 이름을 영어로 번역할 때 매우 곤혹스러워지는 것이다. '레드 사탄'(Red Satan)으로 번역하는 사람은 아마도 문화를 모르는 사람일 것이다. 그래서 원래 응원단이 사용한 영어 이름은 '비 더 레즈'(Be the Reds)였다. 이 말은 영어의 원래 뜻

대로 쓰면 '투 비더 레즈'(To be the Reds)를 줄인 말이다. 이 말은 자칫 잘못하면 '공산당이 되자'가 된다. '레드'는 원래 '붉은'의 형용사이지만 그 앞에 관사가 붙어서 추상적인, 보다 포괄적인 의미를 가지게 되어 서방세계에서는 '공산당'의 뜻으로 사용된다. 여기서 사전적 의미의 옳고 그름을 따지려고 이런 말을 하는 것은 아니지만 '레드 사탄'으로 번역한 것의 실수와 정반대로 '비더 레즈'(Be the Reds)는 '붉은 악마'가 되지 않는다.

그런데 나는 이를 '레드 치우'(Red Chou: 붉은 軍神)라고 번역했다. 이는 다분히 문화적, 역사적 고려를 한 때문이었다. '붉은 악마'는 분명히 한민족의 힘과 문화적으로 축적된 에너지를 나타내는 것이었기 때문이다. 근대에 들어 일제로부터 식민을 당하고 광복 후에는 남북으로 갈라지고 다시 6.25라는 동족상잔을 겪은 힘없는 나라, 지지리도 못난 나라, 사대하지 않으면 살지 못한, 오랜 약소민족의 설움에서 벗어나고자 하는 민족의 무의식적 에너지의 용솟음이고 역사의 지층에서 분출하는 용암이었기 때문이다. 단순한 물리적 힘이 아니라 문화적으로 축적된, 그래서 '제국에의 꿈'을 꾸는 그런 민족적 에너지에 부합하는 것으로 민족의 신화를 끌어들이지 않으면 안 되는 것이었기 때문이다.

## 2) 치우(蚩尤)천황의 역사적 진실

∼∽♪ '치우'(蚩尤)는 한민족의 군신(軍神)으로 한민족이 동아시아를 제패할 당시 배달국 시절의 최고통치자인 환웅의 한 사람으로 힘을 상징하는 대표적 인물의 이름이다. 잠시 역사의 상류인 고대사로 거슬러가 보자. 역사라는 것이 사실이 아니라 흔히 역사적 조작이라는 것을 안다면 역사에 대한 믿음이 깨어지겠지만 실은 역사의 큰 내용은 정권의 합리화이거나 조작인 경우가 많다. 우리가 요지부동의 역사적 사실이라고 믿는 것이 실은 역사적 조작(이것을 신화조작이라고 한다)일 수도 있다고 한다면 우리를 무엇을 믿어야 할까.

그런 점에서 책 속에 기록으로 전해지는 역사보다는 신화나 전설, 민담으로 전해지는 것이 오히려 더 역사적 실체에 가까울 수도 있다. 이런 것은 대체로 비공식적으로 전해지기 일쑤인데 그런 점에서 진정한 역사, 심층의 역사는 신화이다. 신화이기 때문에 역사가 아니라고 단정하는 것은 매우 단견일 뿐만 아니라 위험하기까지 하다. 십여 년 전(1989년 10월 16일부터 19일까지) MBC TV는 어린이를 대상으로 4회에 걸쳐 인형극장 '악신 치우의 도전'이라는 프로그램을 방영했다. 나는 '악신 치우'라는 프로그램의 내용을 파악하기도 전에 놀라움에 입을 다물 수 없었다. 분명 극작가나 연출가도 우리 역사교육을 받은 사람일 것이고 들은 바에 따르면 전문가에게 자문도 구했다고 하는데 치우(蚩尤)를 악신(惡神)이라고 했던 것이다. 그것도 자라는 어린이를 대상으로 한 프로그램에서….

이 작은 아동인형극은 광복 후 40여 년이 훨씬 넘도록 중국, 일본 등 가장 역사적 이해가 충돌하는 주변국의 역사적 음모와 책략에서 우리가 벗어나지 못하고 있는 현실을 그대로 웅변해주는 상징적 사건이다. 이것은 철저히 자기부정의 역사관을 심어주는 일이었고 더욱이 그러한 역사적 조작조차도 영원히 묻어버리는, 도리어 자기조상을 철저히 배반하게 만들어 '악'(惡)이라고 매도해버리는 자기망각의 끔찍한 사건이었다. 치우를 악신이라고 한 것은 치우에게 패배하고 크게 망신을 당한, 중국의 전설적인 고대 삼황(三皇) 중의 한 인물인 '황제'(黃帝)를 거꾸로 높이고 치우를 매도하기 위해서 중국의 역사가 조작하여 붙인 이름인 것이다. 이것은 역사적 신화조작의 대표적인 예에 속한다.

이것은 예컨대 강제로 남의 집의 아이를 빼앗은 의부가 아이에게 생부를 원수라고 가르치고 복수의 대상이라고 주입하는 것과 같은 의식화이며 적반하장인 것이다. 그런데 가정사에서 드물게 이런 일이 벌어지듯이 역사에서 헤게모니를 잡기 위해서, 새로운 제국(뒤에 부흥한 제국)은 이런 신화조작 사건을 벌이면서 앞선 제국을 무력하게 하고 여러 제후국을 복종케 하는, 그리하여 무기가 아닌 다른 방법— 신화와 종교라는 것으로 사람들을 다스리기 위해서 이런 수법을 잘 쓴다. 오랫동안 남의 나라의 식민지가 되었거나 제후국이었을 경우 십중

팔구 이 신화조작의 덫에 걸려 자신의 조상을 배반하고 남의 조상이나 남의 신을 섬기게 된다.

인간의 의식 가운데 선악(善惡) 관념은 이런 보편성을 갖는다. 안(나: 인간의 마음)에서는 '욕망'을 악(惡)으로 규정하지만 밖(남: 사물의 경쟁)에서는 '힘 있는 것'을 악으로 본다. 그러나 역사에서는 정반대일 수도 있다. 여기서 신화조작의 메카니즘을 알 수 있다. 힘 있거나 적이 되는 대상을 악으로 규정하고 마음에서 나쁜 것이라고 교육하면 적과의 전쟁에서 적의를 불태울 수 있어서 좋다. 또한 전쟁을 하지 않더라도 상대를 나쁜 것이라고 규정함으로써 평상시에 전쟁을 준비하게 되고 반사적으로 자신을 '좋은 것' '선'(善)이라고 자부심을 갖게 하는 이중의 효과를 누린 것이다.

중국은 치우천황을 악신이라고 규정함으로써 중국 한족(漢族)을 하나로 묶어왔으며 신화적 정체성을 확립하였던 것이다. 반대로 신화적 정체성을 상실한 우리 한민족(韓民族)은 중국이 시키는 대로 자기조상을 배반한 채 길들여져 선량하게 살아온 셈이다. 이것이 바로 '악신 치우의 도전'이라는 아동극의 역설이다.

　인류문명에서 선(善)이라는 것은 '나를 다스리고 상대방을 다스리기 위한 상징적 처방'이었으며 악(惡)이라는 것은 '상대방과 싸우고 나와 싸우기 위한 상징적 특효약'이었다. 다시 말하면 나든 남이든 평화적으로 다스리기 위한 처방은 선이었으며 나든 남이든 싸우기 위한 처방은 악이었던 것이다. 중국의 신화가 치우를 악신이라고 한 이유는 여기에 있다. 인간의 생활에 있어서 '안은 잠재적 평화'이며 '밖은 잠재적 전쟁'인 셈이다. 그런데 이 안과 밖이 고정되어 있는 것이 아니며 다원다층적으로, 역동적으로 교체된다는 데에 문제가 있다. 안은 어느 날 밖이 되고 밖은 어느 날 안이 된다. 그래서 적이 친구가 되고 친구가 적이 된다. 자신을 적으로 보는 사람은 세상이 모두 적이요, 남을 친구로 보는 사람은 세상이 모두 친구이다.

　「규원사화(揆園史話)」「환단고기(桓檀古記)」에 따르면 치우(蚩尤)는 환웅천황(桓雄天皇)의 뒤를 이어 BC 2707년 배달국(단군조선 이전에 우리 조상이 이룩한 대제국)

제14대 왕으로 등극한 인물로 자오지환웅(慈烏支桓雄)으로 불리기도 한 우리 역사상 가장 뛰어난 천황(天皇)이다.

치우(蚩尤)는 「사기(史記)」의 「오제본기(五帝本紀)」에 처음 나오는 중국민족의 시조 격인 황제(黃帝) 헌원(軒轅)과의 전투에서 이겨 조공을 바치게 한, 오늘의 동북아시아일대를 지배한 인물로 전해지고 있다.

치우(蚩尤)의 승리의 비결은 동(銅)과 철(鐵), 즉 청동기의 사용이었다. 이를 빗대어 사기(史記)는 치우(蚩尤)가 구리머리 쇠이마(銅斗鐵額)를 가진 짐승으로 기록하고 있다. 은(殷)나라나 주(周)나라의 여러 유물에는 악의적인 상상력으로 괴물처럼 그의 모습을 새기기도 했다. 말하자면 중국인에게는 대대로 치우를 악으로 규정하면서 자기들의 정체성(正體性)을 확인하는 대상이었던 것이다.

혹자는 치우는 신화나 전설상의 인물에 불과하며 역사로 받아들일 수 없다고 할 수도 있을 것이다. 또 치우의 환국(桓國)시대나 단군조선시대를 역사로 수용하기에는 자료가 부족하며 나아가 환단(桓檀)시대를 기술한 사서류가 위서(僞書)라고 주장할 수도 있을 것이다. 그러나 근대사학의 입장에서 볼 때 치우시대의 기록이 신화나 전설에 불과하다 하더라도 치우나 황제(黃帝)가 역사의 원형이나 국가기원의 상징이 되고 있음을 부인할 수 없다. 즉「황제 = 중국」「치우 = 동이 = 조선 = 한국」이라는 등식에서 볼 때 MBC TV의 인형극은 우리 역사의 배반의 극치임에 틀림없다.

'악신 치우의 도전'의 줄거리는 중국천하를 다스리는 곤륜산(崑崙山)의 '황제' 밑에 태양신, '검은 신' 등 제후국이 평화롭게 살고 있다. 그런데 어느 날 악신 치우가 청동금속무기를 만들어 황제에게 쳐들어온다. 치우는 우직한 '검은 신'을 꾀어 같이 황제를 치지만 부하 몇 명만 죽이고 실패한다. 역시 오래 전에 반란을 꾀하다 형벌을 받고 있던 붉은 뱀과의 싸움에서 결국 치우는 죽는다. 결국 치우는 황제에게 제대로 대적 한번 하지 못하고 패한 셈이 된다.

이 극은 한마디로「황제」를 최고의 능력을 가진 존재

로 부각시키는 한편 치우를 악신으로, 힘이 없어 패퇴하는 것으로 그리고 있다. 이 인형극을 연극론이나 문명사(文明史)신화분석방법 등으로 분석하면 또 다른 토론과 비판이 가능하겠지만 우선 「중국 = 승리 = 善」「한국 = 패배 = 惡」이라는 등식을 은연중에 실천한 꼴이 된다. 이것은 분명 중국중심의 극적 구성이다.

### 3) 한민족 힘의 팽창으로서의 붉은 악마

　　～꿈ɔ 도덕은 흔히 사람들에게 선량하게 살아야 한다고 가르친다. 그런데 현실적 삶에 있어서는 이 문제가 그렇게 간단하지 않다. 인간이 생물의 한 종인 한 살아야 하고 살기 위해서는 선량해서만도 되지 않기 때문이다. 도리어 생존은 도덕보다도 더 오랜, 생존경쟁의 자연선택과정(진화론적 과정)을 거쳐오면서 축적되어온 유전인자이며 이 인자는 욕망이라는 조건이다. 다시 말하면 '도덕의 역사는 짧고 생존의 욕구는 길다.' 어느 시인은 노래했다. '질투는 나의 힘'이라고--. 그렇다. 인

간사회에서 '악마는 나의 힘'이다. 개인적으로는 도덕적 승화나 이상적 목표로서의 선(善)이 중요하지만 집단적으로는 오히려 악(惡)이 필요하다. 필요악(必要惡)인 것이다.

중국에 사대를 하고 난 뒤부터 언제나 선한, 예의바른, 평화를 사랑하는 등의 수식어가 우리민족 앞에 붙었다. 역사상 수많은 외침을 당했지만 반대로 한 번도 남을 침략해보지 못한 민족, 이것은 무엇을 말하는가? 이것은 우리가 스스로 만든 민족성인가, 아니면 중국이 길들여놓은 민족성인가? 답은 간단하다. 스스로 그런 점도 있고 중국이 길들인 점도 있다. 고대에는 스스로 그러하였고 후대에는 중국에 길들여졌다. 우리의 조상인 동이족은 고대 동아시아에서 최초의 제국, 환단제국(桓檀帝國)을 건설한 민족이고 인류 최초로 통치의 원리를 만들어낸 민족이었다. 그러니 스스로 그러하였다고 말할 수 있다. 그 뒤 고조선이 망하고 동아시아에 대한 지배권을 중국에 넘겨둔 뒤에는 중국에 길들여졌다고 볼 수 있다.

중국은 우리나라를 동방예의지국이라고 했고 최충(崔忠)을 해동공자라고 했다. '논어(論語)'에 따르면 공자는 구이(九夷: 우리나라의 옛 지칭)를 군자의 나라라고 하고 우리나라에 살고자 하였다. 공자가 이렇게 말하는 이유는 무엇인가. 오늘날 한족(漢族)을 중심으로 말하는 중국의 역사는 주(周)나라에서부터 시작되었다고 할 수 있고 실은 그 이전의 상고시대는 정확히 중국이라고 말할 수 없다. 하(夏)나라는 물론이고 은(殷)나라는 우리가 속한 동이족의 나라였다. 이에 앞서 삼황오제도 동이족이었다.

　　고대 환단(桓檀)시대로부터 우리 민족은 고도의 정신적 이념과 철학을 갖추고 문무를 겸비한 강대국이었기 때문에 고대 중국에서는 군자국(君子國)이라 불렸으며, 큰 활(大 + 弓 = 夷)을 잘 다루는 민족이라 하여 여러 사서와 문헌에서 동이(東夷), 구이(九夷), 이적(夷狄) 등으로 부르기도 하였다. 환단의 역사를 말하면 우리민족이 인류사에서 가장 먼저 대제국인 환국(桓國), 배달국(倍達國), 고조선(古朝鮮)을 형성한 민족이었다는 것을 알 수 있다. 승 일연이 쓴 삼국유사의 '홍익인간(弘益人間), 이화세계(理化世界)'는 그 제국의 이념과 철학을 정리하여 우리에게 전해주었지만 이 말이 아니더라도 우리는 얼마든지 심오했던 우리 조상의 우주관과 통치철학을 알 수 있다. 이것이 바로 '천부경(天符經) 문명체계'이다. 고대 중국의 역사는 동이족의 여러 지류가 중원으로 흘러 들어가 성립된 왕조들의 역사에 지나지 않으며 현재 저 넓은 대륙에 산재한 56개의 소수 민족도 이러한 고대왕국의 잔영일 뿐이다.

굳이 여기서 환단의 역사나 동이족을 들지 않더라도 중국에서 새롭게 조명되는 낙학(駱學: 낙빈기駱賓基 선생의 설)은 우리의 고대사의 지평을 새롭게 열어주기에 충분하다. 중국의 금문(金文)을 새롭게 해독하여 중국 고대사를 새롭게 해석하는 하나의 거대한 체계로 떠오른 낙학(駱學)을 따르면 주(周)나라가 은(殷)을 물리치고 중국 대륙의 주인이 되기 전에 중국 대륙에는 두 개의 문화권이 존재했다. 하나는 은(殷)문화이고 다른 하나는 공자(B.C.551~479)에서 굴원(B.C.343~277)으로 이어지는 묘족의 문화이다. 은 문화는 소위 은허(殷墟)의 갑골 문화이고 묘족의 문화는 요순(堯舜)이래 중국 남부 양자강 유역에서 발생한 문화이다. 우왕(禹王)의 하(夏)나라도 양자강 유역에서 황하강 유역으로 갈려 나가면서 남국의 문자 문화(詩歌文化)를 잃어버리고 상은(商殷)으로 편입된다. 여기서 묘족 문화는 특히 관심을 끄는데 이 문화는 주나라와 춘추전국시대에까지 이어져 중국 문화의 토대가 되었다.

하(夏)나라 문화는 그 뿌리를 잃어버린 반면 양자강의 묘족, 초(楚)나라의 시가 문화는 발전하여 주나라의 제후들에게 이식되어 춘추전국시대에 계승된다. 묘족(九麗國) 백성들은 곰(熊)을 숭배하는 특성을 가지고 있다. 그러나 이 묘족 문화는 주화(周化)-한화(漢化) 과정을 통해 바꿔치기 되고 왜곡된다. 이것은 고문상서(古文尙書)의 금문화(今文化=漢文化) 과정이라고 말할 수 있다. 이러한 점에서 춘추전국시대의 공자도 주화(周化) 과정에 깊숙이 개입되어 있다고 할 수 있다.

중국의 사서들은 삼묘족을 지극히 나쁘게 묘사하고

있다. 예컨대 "맹자(孟子)" 만장(萬章)장구(章句) 상(上)을 보면 다음과 같은 구절이 나온다.

"만장이 말하였다. '순은 공공을 유주에서 유배하시고 환도를 숭산에서 추방하시고 삼묘의 군주를 삼위에서 죽이시고 곤을 우산에서 죽이시어 네 죄인을 죽이시자 천하가 다 복종하였습니다. 이는 불인을 주살한 것입니다. 상이 불인이 지극하였는데 유비에 그를 봉하셨습니다'"(萬章曰, 舜流共工于幽州, 放驩兜于崇山, 殺三苗于三危, 殛鯀于羽山, 四罪而天下咸服, 誅不仁也. 象至不仁, 封之有庳)

묘족은 한족 중심의 천하 세계관에 따르면 오랑캐로서 정벌의 대상이었으며 저주의 대상이었다. 그러나 이를 거꾸로 보면 그만큼 묘족의 세력과 문화적 힘이 컸다는 것을 알 수 있다.

묘족 문화를 중시하는 일부 학자들의 주장은 선진(先秦)시대에는 중국과 한국이 한 조상이며 여기서 갈라졌다는 것이다. 내용인즉 양국의 공동조상이 신농(神農)씨이고 신농씨는 우리가 소위 하느님이라고 하는 바로 그

분이라는 것이다. 신농씨는 조선(朝鮮)을 세웠으며 조선은 6대 요(堯) 임금을 끝으로 마감하며 그 다음 한(韓)나라의 순(舜)임금으로 넘어가며 하(夏)나라에 이르러 우(禹)임금으로 넘어간다는 주장이다. 이들은 순임금의 한(韓)나라까지는 중국과 한국의 조상들이 같았으며 그 후 한반도에 이주한 세력들은 중국에서 밀려난 세력들이라는 것이다.

한편 공자의 족보를 따져보면 공자가 동이족 출신임은 알려진 사실이다. 공자는 은(殷)왕족의 혈통을 이어 춘추시대 말기에 태어났다. 아버지의 성은 숙량(叔梁), 이름은 흘(紇)이며 어머니는 안씨(顔氏) 집안으로, 이름은 징재(徵在)이다. 아버지는 제(齊)나라와의 싸움에서 군공(軍功)을 세운 부장(部將)이었으나, 공자가 3세 때 별세하여 빈곤 속에서 자랐다. 공자가 태어난 나라는 춘추시대에 노(魯)나라이지만 노나라는 송나라의 문화를 전수 받았고 송나라는 은나라의 문화를 전수 받았다. 공자가 중국의 시경, 서경, 역경 등 경전을 새롭게 정리, 해석하고 유학을 정립할 수 있었던 것도 이런 문화적 계

보— 은나라의 제례(祭禮)문화의 세례를 받은 때문이었
다. 공자라는 문화영웅은 은나라의 후손이면서 은나라
를 멸망시키고 천하를 지배하다가 망한 주나라의 주공
(周公)을 흠모하며 주나라의 문화적 부흥과 천하사상을
정립하여 주나라를 중국문화의 실질적 시원이 되게 하
였으며 그 후 중국사의 중심이 되게 하였다.

　이를 동이족의 입장에서 보면 환부역조(換父易祖)에
해당한다. 인류사에서 문화영웅은 역설적으로 그런 역
할을 한다. 문화의 중심이동은 언제나 과거의 문화를 계
승하면서 확대재생산의 형태로 나아가기 때문에 과거문
화에 정통한 문화영웅을 필요로 한다. 공자는 자신의 사
상을 알리기 위해 주유천하(周遊天下) 하였지만 세상은
그를 알아주지 않았다. 문화영웅에겐 자신의 출신지나
혈통이라는 시공간보다는 자신이 깨달은 문화의 정수를
이해하고 받아들이는 곳에서, 자신을 알아주는 곳에서
일하고 싶은 게 당연한 일이다. 적어도 공자와 같은 문
화영웅들은 문명의 탄생과 멸망의 열쇠를 알고 있으며
창조와 개벽의 원리를 알고 있는 초월적 존재이기 때문

에 인류가 살아가는 커다란 원리를 다시 만들어주고 가
지 않을 수 없는 것이다.

## 2. 발해만과 황해는 고대 동아시아의 지중해

～～♡  환단의 역사이든, 동이족의 역사이든, 묘족의 역사이든 우리가 확인할 수 있는 공통점은 서경(西安, 陝西省: 황허강 중류)을 중심으로 한 '한족 중심(漢族中心)'의 중국사가 성립되기 이전에 중국의 동쪽, 다시 말하면 황허강과 양자강 하류, 지금의 하북(河北), 하남(河南), 산동(山東), 산서성(山西省) 등 산동반도를 중심한 곳이 문명의 발상지라는 점을 감안하면 고대 동아시아사가 한민족과 밀접하게 관련이 있음을 알 수 있다.

산동지방은 바로 태산(泰山)이 있는 곳이면서 바로 치우천황이 황제헌원과 탁록에서 싸워 이기고 남진하여 청구국(靑丘國)을 세운 바로 그 일대이다. 또 청동기시대의 용산문화(龍山文化)가 발원하고 만개한 곳이다. 용산문화는 물론 서경에도 발견되지만 그 핵심은 어디까지나 산동지방인 것이다. 고대 동아시아사의 수수께끼는 바로 이 일대에 숨어있다고 해도 과언이 아니다.

최근 고고학적 성과에 따르면 황해, 즉 발해만(渤海

灣)·황해가 마치 서양의 지중해처럼 문명이 왕성하던 곳이라는 사실이 점점 설득력을 얻어가고 있다. 다시 말하면 중국 한족 중심의 서경을 축으로 하는 고대사가 아니라 산동반도를 축으로 하는 '발해만 문명'이었음이 증명되고 있는 셈이다. 이 '발해만 문명'은 서양의 '지중해 문명'처럼 평가되어야 하고 여기에 한민족(韓民族)은 당당히 깊숙이 관계하고 있는 것이다. 중국의 고대문명의 이동경로를 보면 차라리 산동에서 황해를 타고 북상한 뒤 나중에 하(夏), 은(殷)을 거쳐 주(周)에 이르러 서안을 중심으로 재편성한 것으로 보는 것이 타당할 것이다. 우선 산동지방을 중심으로 남북교류가 이루어진 뒤 동서교류가 이루어졌던 것이다. 중국 고대문명을 굳이 한족(漢族)의 것이라고 우기는 것은 후대의 역사조작, 신화조작에 불과하다.

차라리 고대사의 흐름을 이렇게 보는 편이 옳다. 한족(漢族)에게 문화를 전수한 동이족(東夷族)은 그 후 역으로 한족으로부터 문화적 세례를 받는다. 그래서 중국문화에 길들여지고 순치되어 점차 중국을 모범으로 섬기게 된다. 심지어 우리의 조상과 관련되는 북방족을 오랑캐라고 하고 중국과 한족을 섬기는 모화사상에 빠졌다. 고조선을 비롯하여 한 때는 인류문화의 원형이며 전범이 되었던 '천부경(天符經) 문명체계'를 잃어버리고 때로는 불경(佛經)이, 때로는 사서삼경(四書三經)이 마치 유일한 삶의 경전인 것처럼 여겨왔다. 이것은 공자가 동이의 문화를 한족에게 넘겨준 것처럼 역시 환부역조하는 성격이 내재해 있다. 물론 이러한 것은 문화의 발전 생리상 중심이동이 일어나는 주변에서 발생하는 현상이긴 하다. 환부역조와 신화조작이 인류문명의 변화생성의 법칙이다. 동이족의 후예인 우리는 그 희생자인 셈이다. 우리가 역사적 미아가 되지 않기 위해선 차라리 악마가 되어야 한다.

조선조 때의 주자학은 사대에 있어서 그 절정에 해당한다. 주자학이 아니면 사문난적이었으며 이단이 되어 소외되거나 멸문지화(滅門之禍)를 당하기 일쑤였다. 이런 가운데 소중화사상이 맹위를 떨쳤다. 이를 쉽게 말하면 그 후 우리나라는 중국이 제시한 선(善)을 금과옥조로 살아온 셈이다. 지금까지 장황하게 중국과 한국이 걸린 동아시아 역사를 거론한 것은 우리의 모화사상이 실은 우리의 문화적 계통을 망각한 탓이요, 중국의 신화조작이라는 마술에 우리가 걸려들어 처음부터 우리는 큰 나라를 사대하여야 하는 작은 나라라는 잘못된 인식을 불식시키기 위해서이다.

선(善)은 바로 개인의 마음(내 마음: 안심입명)을 다스리는 기준이 되기도 하지만 다른 나라(남의 나라: 제후국)를 다스리는 기준이 되기도 한다. 집단의 차원에서 보면 선이라는 것이 반드시 '좋은 것'만도 아니다. 생존에 배치되는 수도 종종 있다. 그런 점에서 악마는 '민족(집단)의 힘'인 것이다. 인류사를 볼 때 지배국가는 언제나 악마와 같은 존재였으며 적이 되는 나라는 악마와 같은 존재였다. 이를 비유하면 악마와 같은 존재가 적을 악마라고 규정하면서 한 손에는 무기를 들고 정복을 감행하면서 다른 손에는 경전을 들고 피지배국가나 민족에게 자신들의 선(善)을 강요하면서 따르도록 했다.

종교는 그런 점에서 집단의 생존경쟁이나 권력경쟁이

라는 맥락에서는 제국을 위엄을 보이는 선교단이나 전쟁의 척후병이었으며 동시에 특히 전쟁이 아닌 평화의 방법으로 제국을 다스리는 수단이었다. 종교는 다른 한편 개인적으로는 인간의 마음을 다스리고 평화를 가져오게 하는 구원의 손길이었다. 예컨대 중국이 우리를 지칭한 동방예의지국이라는 말과 같은 '집단적 선(善)'은 한 집단이 다른 집단을 다스리기 위한, 일종의 자국의 속방이나 제후국에 해당하는 지역을 다스리는 내치(內治)의 관념에서 비롯된 것이다.

예의 바른, 평화를 사랑하는, 착한 등의 형용은 그렇기 때문에 존경한다는 의미보다 '고분고분한 나라', '말 잘 듣는 나라', '대국을 섬길 줄 아는 나라'를 의미하며 이는 중국이 변방의 제후국을 다스리는 전략이었다. 문제는 그러면서도 틈만 나면 군사력으로 정복을 하려고 했다는 점에서 결코 선(善)이라는 것이 생존에서 긍정적인 의미만 있는 것이 아니다. 심지어 개인에게서조차 선(善)이라는 의미는 '바보 같은 놈', '어리석은 놈', '두렵지 않은 놈' '아무 일도 못하는 놈'이라는 부정적 의미로 쓰인다.

우리나라가 오랜 사대주의에서 벗어나기 위해서는--
한 때는 일제가 그 대상이었고 오늘날은 그 대상이 미국
이기는 하지만, 다시 말하면 제국주의와 싸우기 위해서
는 악마에 대한 환기가 필요했던 것이다. '붉은 악마'는
바로 그러한 의미였다. '붉은 악마'의 악마라는 것은 개
인적-도덕적 차원의 악마가 아니라 집단적-생존적 차원
의 악마였던 것이다. 다시 말하면 생존을 위한 몸부림이
었으며 역사의 질곡에서부터 벗어나려는 기지개였으며
경제개발의 성공과 국민소득의 증대로 인해 되찾은 민
족적 자긍심의 발로였던 셈이다. 진정한 의미의 독립과
통일을 향한 민족적 각성이며 고함이었던 셈이다. 그래
서 인류의 여러 고등종교의 의미에서는 매우 부정적이
었던 악마라는 용어를 집단적 생존의 차원에서 소리 높
이 외쳤던 것이다.

개인의 차원에서도 종종 악이라는 것은 힘의 상징이
지만 집단의 차원에서는 훨씬 빈번히 힘을 나타낸다. 문
화적으로 볼 때 악은 '나쁜 것'이라는 의미와 함께 '힘

있는 것'이라는 이중의 의미를 가지고 있다. 문화에서 상징은 본래부터 의미의 이중성 혹은 다원다층의 의미를 가지고 있는 경우가 많다. 의미의 끊임없는 변화와 생성, 안과 밖의 의미가 다른 점이 바로 상징적 의미의 특징이고 기능이다. 그렇기 때문에 상징은 과학적 언어의 엄정성에서 비롯되는 모순과 대립을 해결하는 기능을 하기도 하고 모순, 대립된 세계의 문지방에서 희생을 당하거나 통합의 역할을 하기도 한다. 여기서 해결과 희생과 통합이라는 것은 말은 다르지만 결국 대립된 세계를 벗어나게 하는 공통성을 가지고 있다. 악마라는 의미도 상징성이 강한 용어이다.

## 3. 자본주의와 월드컵

　　∽∽〉 오늘날 월드컵의 인기는 올림픽을 넘어서고 있다. 단일 종목으로 축구만큼 세계인에게 관심과 재미를 유발하는 종목은 없다.

"FIFA의 주관 하에 1930년부터 4년에 한 번 개최되는 세계 최고의 축구 국가대표팀을 가리는 국가대항전으로, 단일 종목 스포츠 행사 중에서는 최대 규모의 대회이다. 야구, 농구, 배구, 하키 등 다른 단체 스포츠 종목에 비해서 훨씬 더 대규모의 지구촌 축제가 형성되는 걸로 볼때 역시 세계에서 가장 최고의 인기를 자랑하는 스포츠는 축구라는 사실을 알 수 있다."(나무위키)

FIFA 월드컵의 인기는 UEFA 유러피언 챔피언십과 UEFA 챔피언스 리그보다도 훨씬 높다. 예를 들면 2018 FIFA 러시아 월드컵 총 누적 시청자 수는 약 35억 7200만 명이며, 결승전의 총 시청자수는 약 11억 1629만 명으로 평균적으로 약 3억 명 정도였다. UEFA 유러피언 챔피언십 결승전의 약 1억 6000만 명, UEFA 챔피언스 리그 결승전의 약 1억 명 정도보다 압도적으로 많다.

"축구공은 둥글다."

이 말에 축구경기의 핵심적 의미가 다 들어있다. 경기 자체의 승부의 의외성과 함께 승부에 따르는 선후진국 간의 평등성이 내재해 있다. 요컨대 선진국인 영국과 미국 대표팀이 브라질이나 아르헨티나팀을 이긴다고 볼 수 없다. 또한 서유럽 대표팀이 동유럽 대표팀을 이긴다는 보장도 없다. 유럽과 아프리카, 아시아팀 사이에도 마찬가지이다.

월드컵이 오늘날처럼 세계인의 스포츠행사가 된 것은 자본주의와 무관하지 않다. 월드컵은 올림픽과 함께 그것의 국가대항전의 성격으로 인해 국가의 순위를 매기는 국가주의의 요소가 없는 것은 아니지만 그것보다는 공의 '둥긂'과 함께 축제가 가지고 있는 평등성과 지구촌축제로서의 공동체성, 그리고 대중적 인기의 요소가 강하게 도사리고 있다.

바로 이런 특성을 이용하는 세계자본주의 경제체계가

월드컵의 인기에 크게 한몫하고 있다. 말하자면 공의 둥글이라는 원(圓)과 축구장의 방(方), 그리고 자국의 승리를 위해 목숨을 걸다시피 하는 선수들의 각(角)이 한데 어우러진 도가니적 성격의 축제에 자본주의의 광고와 선전, 방송 중계 등이 경합을 벌이면서 가장 '자본주의 축제의 성격'으로 자리매김한 지 오래다. 월드컵은 인류 욕망의 최대경합의 장으로 우뚝 서 있다.

자연은 본능과 욕망의 존재이다. 자연은 그러면서도 보이지 않는 손에 의해 조화를 달성한다. 문명은 자연의 모방이면서 동시에 자연의 역설이다. 다시 말하면 문명은 자연과 같은 방향을 취하면서도 동시에 정반대의 방향을 취하기도 한다. 예컨대 자연에서의 생존경쟁--다시 말하면 자연선택과정은 종의 영속을 위한 욕망의 실현과정이지만 이것이 종 내부로 투사되면 권력에의 욕망으로 변형되고 권력에의 욕망은 자연의 본능을 두 가지로 나타나게 한다. 하나는 지배자의 경우이고 다른 하나는 피지배자의 경우이다. 지배자는 자연의 욕망을 종 내부에서 그대로 연장하지만. 피지배자는 욕망을 억제하지 않으면 안 되게 된다. 이것은 욕망의 억제방향이된다.

바로 그 권력이 문명의 방향에서 역설을 잉태하게 되는 요체이다. 욕망의 억제는 분명히 자연의 역설이지만 이것은 문명에서 교육이나 훈련에 의해(반복적인 의식화에 의해) 도리어 본성으로 추앙되거나 도덕으로 선양되기도 한다. 이것은 자연의 역설이라고도 할 수 있고 동시에 자연에서의 돌연변이 혹은 비약이라고도 할 수 있다. 이것이 역설인지, 진화인지 단정적으로 말할 수 없다. 자연의 거대한 순환으로 보면 앞으로 진행하는 것이 결국 돌아오는 것이다. 이것을 한 방향이라고 말할 수도 있을 것이다. 이렇게 보면 권력에의 욕망이라는 것도 생존의 욕망의 연장이라고 볼 수 있다.

자본은 자연의 욕망을 실현하는 도구라는 점에서 자연과 유사하다. 그러나 자본은 문명에 속하는 것이기 때문에 역시 욕망과 같은 방향일 수도 있고 정반대의 방향일 수도 있다. 자본주의는 그래서 인간이 만들어낸 제도 가운데서 가장 자연에 가까운 것이다. 인간은 욕망에 대해서는 충족과 억제라는 두 가지 처방을 써왔다. 그런데 억제라는 처방보다는 충족이라는 처방이 훨씬 자연스러운 것이고 인간을 자유롭게 한다는 점에서 유리하다.

　자본주의는 욕망을 확대재생산하는 성향을 가지고 있다. 이에 비해 사회주의는 욕망을 축소재생산하는 성향을 가진다. 그런데 도덕적으로는 욕망을 축소재생산하는 것이 안심입명을 가져오고 긍정적이지만 권력경쟁에서는 욕망을 확대재생산하는 것이 긍정적이다. 그래서 자신의 권력은 확대재생산하고 남의 권력은 축소재생산하고자 하는 것이 인류사이다. 자신에게는 욕망을 욕구하고 남에게는 도덕을 요구하는 것이다.

　자연과 자본은 우선 욕망에 충실한 뒤에 균형을 잡기 위해 욕망을 억제하기 때문에 선(善)보다는 악(惡)과 연결된다. 욕망을 처음부터 억제하는 것에 길들여 지면 개인적으로는 사회적 성공을 하기 어렵고 국가적으로는 지배국가가 되기 어렵다. 우리나라는 도덕과 선(善)에 너무 길들여져 있었기 때문에 우선 도덕적이긴 하지만 동시에 위선적이었다. 특히 개인적으로는 훌륭한 선비를 많이 배출하였지만 국가 간에 있어서 언제나 침략을 당하는 불이익을 감당하여야 했다. 국가적으로는 선이 결코 훌륭한 것만은 아니었다.

　60년대부터 시작된 경제개발계획과 그 성공의 결실에 의해 우리나라도 소득 1만 불 시대를 맞았고 자본주의의 정착은 바로 욕망을 '나쁜 것'으로 보지 않게 되는 계기를 마련하였다. 이것은 국가의 기반을 다지는 것이 되면서 개인적으로는 복지를 넓히는 계기가 되었다. 보다 자연스럽게 삶에 대한 자신감을 가지게 된 셈이다. 88년 올림픽 개최에 이은 2002년 한일월드컵의 개최에 즈음하여 '붉은 악마'는 자발적으로 결성되었다.

　이것은 경제적 성공에 이은 중진국으로의 도약, 그리고 각종 욕망에 대한 열려진 시각과 자신감의 발로였다. 스스로 악마라고 할 때는 개인적으로는 결코 악마가 될 수 없게 된다. 동시에 집단적으로는 힘을 정당화하는 계기가 된다. 붉은 악마는 문화총체적으로 자아회복과 자신감의 표출이라고 할 수 있다. 이것은 오랜 사대주의를 탈피하는 것이 되면서 동시에 민족에게 덧씌워진 집단적 선(善)의 올가미를 걷어치우는 함성이었던 셈이다. '붉은 악마'는 역사에서 주체와 욕망과 악을 긍정하는 민족적 대반전을 이룩한 역사적 사건이었다.

2002년 월드컵에서 4강에 오른 성적은 공교롭게도 88서울올림픽의 국가순위 4위와 같다. 세계적인 스포츠경기에서 4위의 성적은 마치 국가경쟁력 4위를 미리 축하하는 비전(vision)을 심어주기에 충분했다. 체력은 국력이라는 말과 같이 대한민국의 발전된 위상을 크게 보여준 스포츠 행사였다. 또한 한국인의 결집력과 잠재력을 세계에 과시한 행사였다.

# 가정연합(통일교)과
# 88서울올림픽, 그리고 피스컵

## 제 4 장

## 가정연합(통일교)과
## 88서울올림픽, 그리고 피스컵

### 1. 가정연합과 88서울올림픽

세계인의 축제인 올림픽은 냉전의 그늘로 인해 1980년대에 들어서면서 반쪽이 나 있는 상태였다. 80년 모스크바에서 올림픽이 개최되었으나 소련의 아프가니스탄 점령에 대한 성토와 반대의 의미로 자유진영의 국가들은 참가를 보이콧했다. 반쪽 올림픽이 되었다. 그러자 84년 LA올림픽 때에는 공산권 국가들이 모두 보이콧 했다. 또다시 반쪽 올림픽이 되었다.

동서진영의 분열과 갈등 속에서 두 번의 반쪽 올림픽을 치른 뒤, 88 서울올림픽이 열리게 됐다. 대회 개최를 앞두고 북한은 KAL기를 격추하는 등 미친 듯이 반대했다. 한반도는 언제 전쟁이 터질지 모르는 불안정한 곳이라는 이미지가 생겨 대회 성공을 장담할 수 없었다.

그러나 여러 위기와 불안 요소 속에서도 민주·공산 양대 진영의 2세들이 모두 88서울올림픽에 참가했다. 이러한 젊은 세대들의 참여로 서울올림픽은 12년 만에 인종·국경·종교의 담을 헐어낸 지구촌 화합과 축제의 한마당이 된 것이다. 세계평화가 가능하다고 하는 모델을 보여주었다.

한편 문선명 총재는 서울올림픽을 전후해서 체육과 예술에 남다른 관심을 보였을 뿐만 아니라 그것의 인류평화와 화합에의 기여와 효과를 확신하고 있었음을 알 수 있다.


"체육과 예술을 일체화시키기 위한 것이 선생님의 계획입니다. 춤과 노래가 운동과 하나 되게 합니다. 그렇

기 때문에 체조식 운동이 아니고 음악과 합한 무용식 체
조 형태를 만드는 것입니다. 가라데(空手道) 같은 것도
예술화하려고 합니다. 그 운동을 지금 선생님이 합니다.
체육과 예술을 하나 만들기 위한 운동을 하는 것입니다.
거기에 하나님의 사상이 들어가는 것입니다."(세계평화
통일가정연합『천성경』: 1108)

서울올림픽을 둘러싸고 냉전체제의 붕괴와 함께 한국
문화의 세계화 및 세계평화에 한국의 기여와 영향에 대
한 주장과 토론도 활발하게 전개되었다.

문선명 총재는 서울올림픽 전에 '공산주의의 종언'을
독려하고, 선언케 했으며, 역사적 사건과 섭리적 사건의
일체화를 보였다.

| 80 모스크바 올림픽 | 아프가니스탄 사태 | 미국을 비롯한 서방 국가 보이콧 |
|---|---|---|
| 84 LA 올림픽 | 올림픽 불참 반발 | 소련을 비롯한 공산권 국가 보이콧 |
| 85 공산주의 종언 선언 | 제네바 제 2차 세계평화교수 협의회 | 공산주의의 종언과 함께 소련의 해체를 예언함 |
| 88 서울올림픽 | KAL기 격추 사건 | 민주·공산 양진영 참석, 지구촌화합 |

가정연합(통일교)은 1985년 8월 13일부터 17일까지 스위스의 제네바에서 열린 제 2차 세계평화교수협의회 국제회의에서 문선명 총재의 말씀에 따라 '공산주의의 종언'을 선언했다. 그러나 국제정세는 그 후 소련과 미국은 본격적인 군비경쟁에 들어갔고, 공산주의 멸망을 보이지 않았다. 그렇지만 사태는 급변하였다. 소련 공산당 서기장인 고르바초프가 미국 레이건 행정부의 SDI(전략방위구상) 정책에 힘으로 대항할 수 없음을 깨닫고 군축협상과 타협점을 찾으려 했기 때문이었다.

이런 결과로써 서울올림픽마저도 공산권과 자유진영

이 둘로 나누어지는 '반쪽 올림픽'을 벗어날 수 있는 길이 열린 것이다. 무엇보다 대한민국에 천운(天運)이 함께 했기 때문이다. 세계의 정치상황이 큰 전환(轉換)을 맞이하고 있었다.

한국이 세계로부터 주목을 받는 때가 도래하고 있었다. 한국의 정치, 경제, 기술, 문화가 세계에 영향을 끼치는 때가 된 것이다. 한국이 세계평화의 중심축이 되는 시대가 88 서울올림픽으로 말미암아 시작된 것이다.

당시 문선명 총재를 가까이서 모시고 있었던 통일교의 박중현 목사( 충남지역선교책임자)는 당시 상황을 이렇게 말한다.

"올림픽을 앞두고 기업체 사장들은 개막식·폐막식 표를 구입해 놓았다. 선생(문선명)은 그 표를 10명의 미국 교구장들과 각국의 협회장들에게 나누어 주었다. 개막식 날, 나는 동료 교구장들과 함께 지하철을 타고 주경기장으로 향했다. 나는 매일 모든 신문과 잡지, 방송에서 보도하는 내용을 숙지했다가 선생 내외분과 함께 경기를 보며 해설해 드렸다."

서울올림픽의 가장 큰 의미는 공산주의 세계가 종식되는 징조로써 소련을 필두로 한 공산권이 전부 88 서울올림픽에 참석했던 것이다.

박목사는 "선생은 전 세계 120개국에 가정연합 책임자와 선교사 10명을 한국으로 부르셨다. 올림픽 참가국, 특히 공산권 선수들을 응원하고 후원하게 했다. 우리들은 선물(한국산 양복지와 맥콜음료)을 싸 들고 세계에서 모여 온 젊은 2세 선수들을 찾아가 그들을 향한 선생의 관심과 사랑을 전했다."고 말한다.

서울올림픽의 성공은 가정연합의 미래세계선교와 공산주의 타도행보에 자신감과 함께 커다란 전기를 마련했다.

박목사는 "선생은 올림픽이 끝난 다음 10월 3일, 전세계 지도자와 식구들과 함께 한남동 공관 안뜰에서 세계통일국개천일(世界統一國開天日)을 선포했다. 88 서울올림픽을 민주·공산이 하나 될 수 있는 역사적인 전환점으로 삼았다."고 말한다.

가정연합 관계자들은 서울올림픽을 전후로 벌어진 세

계사적 사건을 교회섭리사적 사건으로 해석하면서 이렇게 말한다.

"하늘은 앞으로 12년간을 모스크바대회를 준비해야 한다. 하나님의 적인 무신론, 공산주의를 종식하고, 냉전의 장벽을 전 세계적으로 헐어내야 한다. 공산주의의 포로가 돼 있는 백성을 해방하여 자유와 평화의 새 빛을 비춰주어야 한다. 댄버리의 십자가, '참사랑의 정신'을 통하여 온 세계가 함께 협력하여 마지막 사탄과 대회전(大會戰)을 벌일 하늘의 진영(陣營)을 갖추어 놓았다. '벽을 넘어서'라는 88 서울올림픽의 모토는 세계사의 나침반이 되었다. 우리는 하나님과 참부모님(문선명 총재와 한학자 총재 양위분을 칭함)을 모시고 모스크바를 향해 대행진을 해야 했다. 천운은 우리를 숨 가쁘게 이끌었다."

1989년 레이건 대통령과 워싱턴 타임스의 협동작전으로 고르바초프 대통령과 대결해서 SDI작전이 효과를 발휘하여 소련은 핵무기 군축협상의 테이블에 나오게 되었다. 동·서 냉전이 종식을 맞이하게 된 것이다. 동·서독 2세들이 11월 9일 베를린 장벽을 허물었다.

| 88년 | 88서울 올림픽 | 민주·공산 2세들이 이념의 '벽을 넘어서' 화합 |
| --- | --- | --- |
| 89년 | 베를린 장벽 붕괴 | 동·서독일의 2세들이 '장벽을 무너뜨리고' 동·서독일 통일, 냉전종식 |
| 90년 | 모스크바 대회 | 모스크바 '크레믈린 성(城)벽을 통과하여 참부모 입성'<br>선생은 고르바초프 대통령에게 소련이 나아갈 5개항 제시 |
| 91년 | 소련제국 멸망 | 소련2세들이 군부 구테타 저지, '철의 장막(Iron Curtain)이 열림', 소련제국이 무너져 사라짐 |

　가정연합은 미국의 메디슨 스퀘어가든, 양기 스타디움, 워싱턴 모뉴먼트 등 3차 대회 이어 공산세계의 해방을 위하여 모스크바 크레믈린 궁전을 뚫고 나가는 세계선교 행사를 벌였다. 1990년 4월 9일 모스크바 대회가 열렸다. 4월 11일 문선명 총재 내외분은 세계 정상들을 동반하고 크레믈린(Kremlin) 성에 입성하여 대통령

궁에서 회담을 가졌다. 이 자리에서 고르바초프 대통령의 개혁 개방을 성공할 수 있는 5가지 지침을 회담으로 합의하였다. 그리하여 소련제국이 무너지는 방향으로 향하게 되었다.

91년 8월 공산주의 사상에 마지막 보류인 소련 군부가 고르바초프 대통령의 개혁 개방을 반대하여 쿠데타를 일으켰다. 군부는 의회를 점령했다. 고르바초프 대통령을 연금시켰다. 이때 소련의 2세 젊은이들이 모스크바에 진주한 군부 탱크를 막아서고 올라가 저지했다. 새로 집권한 보리스 옐친 대통령은 12월 벨라루스, 우크라이나의 지도자와 만나 소비에트 연방의 해체와 독립국가연합의 결성을 선언했다. 드디어 영국 처칠 수상이 1946년에 외친 소련연방의 '철의 장막(帳幕)'이 활짝 열린 것이다.


[냉전체제 종식 : 민주공산 2세 참여]=[공산권 서울올림픽 참여; 평화의 올림픽] = [소비에트체제 붕괴 : 공산주의 붕괴]

## 2. '원구(圓球) 피스컵(peace-cup) 대회[1]

～～ 문선명 총재가 창시한 원구 피스컵 대회는 처음부터 축구와 스포츠 대회만 하는 것이 아니라 문화체전적 성격을 띠고 있었다.

"세계문화체육대전은 체육만 하는 것이 아닙니다. 문화가 들어갑니다. 학자면 학자, 종교인이면 종교인, 여자면 여자의 모든 장기를 자랑할 수 있는 대회입니다. 그것이 얼마나 멋지겠나 생각해 보십시오. 모든 존재는 음양 합동, 서로 사랑을 중심삼고 하나가 됩니다. 어울리기 위한 것이기 때문에 이러한 대회를 했다면 그것이 얼마나 멋지겠습니까?"(세계평화통일가정연합『천성경』: 1109)

신체적 경쟁과 축제를 통한 평화세계창건에 대해 남다

---

1) 이하의 내용은 선학역사편찬원에서 제공한 「피스컵 관련 실록 목록」을 기초로 작성하였음을 밝혀 둔다.

른 생각을 가졌던 문선명 총재는 스포츠문화예술축제를 통해 세계 194개국에 흩어진 가정연합 회원들의 친목을 다지고 세계평화에 이바지하기 위해 '원구 피스컵 대회'를 신설했다.

이는 다분히 스포츠 축제를 통해 평화를 추구한 올림픽과 월드컵의 정신을 모델로 신설한 스포츠제전이었다. 당초 명칭은 '월드 피스킹 컵'이었지만 아시아축구연맹(AFC)이 대회 명칭에서 '월드'와 '킹' 두 글자를 빼는 조건으로 대회를 인정한다는 공문에 따라 '피스컵(Peace Cup)'으로 바꾸었다. 가정연합 선문평화축구재단이 주최했다. 가정연합은 2010년 이 대회명칭을 '가인·아벨 원구(圓球) 피스컵 천주연합대회'로 변경했다.

"선생님이 왜 축구팀을 만들고 운동에 관심을 갖느냐? 운동은 화합과 평화를 증진하는 데 있어서 필요합니다. 유명한 축구팀이 경기를 하게 되면 전 세계가 보게 됩니다. 권투는 한 사람이 하지만 축구는 열한 사람이 해야 됩니다. 그 축구팀 자체가 융합되어야 합니다. 하나가 되어야 합니다. 회합이 되어야 합니다. 싸움, 투쟁이 없이 평화와 조화가 멀어지는 것입니다. 그리고 경기장에 나오는 축구팀을 만나는 것을 자기 인생살이보다도 더 좋아하게 됩니다. 거기서 통일이 됩니다. 그렇기 때문에 축구팀 자체가 화합과 통일입니다. 하나입니다. 이것이 우리 가정에 필요하고, 사회에 필요하고, 국가에 필요하고, 하늘땅에 필요합니다. 평화가 필요하다는 것입니다. 평화가 되지 않고는 통일이 안 됩니다."(세계평화통일가정연합『천성경』: 1109~1110))

1회 대회인 '2003 피스컵'은 2003년 7월 14일 개최되었다.

▶ 2003년 1회 대회에는 성남 일화(한국), PSV 에인트호벤(네델란드), TSV 1860 뮌헨(독일), 베시크다슈(터키), 올림피크 리옹(프랑스), 나시오날(우루과이), LA 갤럭시(미국), 카이저 치프스(남아프리카공화국) 등 8개 팀이 참가하였다. 1회 대회에서는 PSV에인트호벤(네델란드)이 우승을 차지했다.

2회 대회인 '2005 피스컵'은 2005년 7월 15일 개최되었다.

▶ 2005년 2회 대회에는 PSV 아인트호벤(네덜란드), 토튼햄 핫스퍼(영국), 올림피크 리옹(프랑스), 레알 소시에다드(스페인), 보카 주니어스(아르헨티나), 온세 칼다스(콜롬비아), 선다운스(남아프리카공화국), 성남 일화(한국) 등 총 8개 팀이 참가하였다. 2회 대회에서는 토튼햄 핫스퍼(영국)가 우승했다.

3회 대회인 '2007 피스컵'은 2007년 7월 12일 개최되었다.

▶ 2007년 3회 대회에는 성남 일화(한국), 볼튼 원더러스(잉글랜드), 치바스 과달라하라(멕시코), 라싱 신탄데르(스페인), 레딩 FC(잉글랜드), 리버 플레이트(아르헨티나), 시미즈 에스펄스(일본), 올림피크 리옹(프랑스) 등 총 8개 팀이 참가하였다. 3회 대회에서는 올림피크 리옹(프랑스)이 우승하였다.

2009년 4회 대회는 처음으로 한국이 아닌 스페인 안달루시아에서 7월 24일 개최되었다.

▶ 2009년 4회 대회에는 성남 일화(한국), 애스턴 빌라 FC(잉글랜드), 리가 데 키토(에콰도르), 올림피크 리옹(프랑스), 유벤투스 FC(이탈리아), 아틀란테 FC(멕시코), FC 포르투(포르투갈), 알 이티하드(사우디아라비아), 베식타스 JK(터키), 말라가 CF(스페인), 세비야 FC(스페인), 레알 마드리드(스페인) 등 12팀이 참가하였다. 4회 대회에서는 애스턴 빌라 FC(잉글랜드)가 우승하였다.

▶ '2010 가인·아벨 원구(圓球) 피스 컵((Peace Cup) 천주연합대회'(4회째)는 남양주시 종합운동장(10월 12일)에서 열렸다.

2012년 5회 대회는 4회 대회 이후 3년 만에 개최되었다. 대한민국 수원에서 7월 19일 개최되었으며, 유럽 프로축구리그에서 활동 중인 대한민국 선수들이 속해 있는

3팀을 초대했다.

▶ 2012년 5회 대회에는 성남 일화(한국), 함부르크 SV(독일), 선덜랜드 AFC(잉글랜드), FC 흐로닝언(네덜란드) 등 총 4팀이 참가하였다. 5회 대회에서는 함부르크 SV(독일)가 우승하였다.

# 3. 문선명·한학자 총재의 축구섭리와 평화

## 피스컵 10년, 총재님의 축구섭리를 기리며

～～ 2003년 서울(상암) 월드컵경기장의 6만 5천여 석에 운집한 관중을 앞에 놓고 우렁차게 "인류의 화합과 세계평화의 대제전인 2003 피스컵 코리아 개막을 선언합니다!"라고 외치시던 그 음성 그리고 그 음성에 화답하던 관중들의 함성이 울려 퍼진 지 10년이 지났다. 10년이면 강산도 변한다고 한다. 피스컵의 역사도 10년의 역사가 흘렀다. 10년이면 강산이 변한다는 말은 10년이면 역사를 얘기할 만한 정도가 되었다는 뜻일 것이다.

문선명 총재께서는 피스컵 10년의 역사 동안 여덟 번이나 개막을 선포하셨고, 우승트로피를 우승팀들에게 건네 주었다. 그러나 이제는 더 이상, 그 개막선언의 음성, 우승팀을 축하해 주시며 선수들의 얼굴을 매만지시던 모습은 들을 수도 없고, 볼 수도 없는 그리움이 되었다. 피스컵 10년의 역사를 되돌아보며 문선명·한학자 총

156

재의 축구섭리의 의미와 평화실현의 의지를 되새겨 보고자 한다.

## 축구계의 이단아, 피스컵

축구계에 샛별처럼 등장한 선문평화축구재단의 '피스컵 국제축구대회'는 축구계의 이단아라는 평가를 받으며 '2012년 피스컵 수원 국제클럽축구대회'를 포함하여 5회째 대회와 여자축구대회인 피스퀸컵 3회째 대회를 성공적으로 개최하여 세계적인 대회로서의 위상을 확립하였다.

처음엔 축구계에서도 '제대로 대회를 개최할 수 있을까' 라는 반신반의하는 반응이었다. 대내적으로도 막대한 자금과 인원동원에 대한 부담이 컸지만 우려와는 달리 성공적인 개최로 국내외적으로 명성 있는 대회로 자리매김을 해왔고, 인지도 또한 세계적 수준이 되었다.

문선명·한학자 총재께서는 종교지도자로서의 '외도' 라는 세간의 비난을 받으면서까지 축구섭리에 집착하셨던 이유는 무엇이었을까? 축구사업에 천문학적인 자금을 투자하시는 동기, 축구를 통해서 성취하고자 하는 목적은 무엇이었을까?

## 스포츠를 통한 평화세계의 구상

문선명·한학자 총재의 축구사업은 평화세계를 이룩하기 위한 일환의 하나였다. 일찍이 '일화천마프로축구단'을 창단하여 한국프로축구 발전에 공헌해 왔고, 국제적으로는 브라질의 '세네축구단'과 '소로카바축구단'을 인수하여 운영하고 있으며, 선문평화축구재단을 창설하여 '피스컵 국제축구대회'를 5회째 개최한 바 있다. 또한 '충남일화여자축구단'을 만들고 2006년에는 여자국제축구대회인 '피스퀸컵 축구대회'를 개최하여 3회째 대회를 개최한 바 있다. 대학축구단으로서는 '선문대학교 축구단'이 있으며 제3세계 국가의 유소년 축구사업도 지원하고, 축구에 있어서 세계의 어느 단체보다도 방대하고 활발한 축구사업과 대회를 운영하고 있다.

분명한 것은 문선명·한학자 총재의 축구 섭리는 기존의 프로축구단이나 축구대회 운영 취지처럼 스포츠마케팅에 집중된 일반적인 목적이 아닌 인류의 화합과 세계 평화 실현을 위한 목표가 있었다.

"축구를 비롯하여 모든 스포츠와 놀이문화는 인류역사와 더불어 오랫동안 함께 발전해 왔습니다. 스포츠는 본래 튼튼한 몸과 안전한 사회를 유지하기 위하여 창조되었으며, 오늘날 수십억 사람들의 삶을 즐겁고 풍요롭게 하면서 전 세계의 곳곳에 확산되고 있습니다. 오늘날의 향락주의와 청소년들의 자기중심적인 가치관을 극복하기 위해 서로 건전한 스포츠정신 특유의 건설적인 대안을 제시해야 합니다. 스포츠경기란 서로 약속한 법과 규칙을 지키면서 심판의 공정한 판정을 받는 것입니다. 스포츠 세계에서는 경쟁에서 진 자들도 승리자의 노고에 자기의 섭섭함을 뒤로하고 마음껏 박수를 보내는 미덕이 있습니다. 스포츠는 아름다운 우정의 향기가 있고 동지애가 있습니다. 스포츠는 현대사회에 큰 공헌을 했습니다. 인간의 심신을 건강하게 하고 경기의 기술로 즐

거움과 감동을 주었습니다. 특히 스포츠는 종교의 도그마나 정치적인 이데올로기를 뛰어넘을 수 있고 누구든지 하나가 될 수 있으며 더 나아가 전세계인의 마음을 하나로 묶어주는 화합과 평화의 향연입니다."(피스킹컵 창설사 중에서)

## 월드컵을 능가하는 축구대회를 만들라

다음은 김기복 국장(전 선문평화축구재단 사무국장)의 회고담 '피스컵 10년, 참부모님의 축구섭리를 기리며'의 내용이다.

2002 한·일 월드컵이 한창 진행되던 때, 문선명·한학자 총재께서 제자들과 함께 청평수련원 공관에서 월드컵경기를 한 경기도 빼놓지 않으시고 관전하셨습니다. 일찍이 일화천마축구단을 창단하여 일곱 번이나 리그 우승을 달성한 경험이 있으시기에 축구에 대한 열정과 관심은 그 누구도 따를 자가 없었습니다. 그런 분이셨기에 축구관전을 하시면서 축구

를 통한 섭리를 구상하셨고 계획하셨던 것입니다.

　문선명 총재께서는 결국, 2002 한·일 월드컵이 끝나기도 전에 제자들에게 피스컵 축구대회 창설을 지시하셨고, 6월 12일 유니버설아트센터(구 리틀엔젤스예술회관)에서 피스컵 창설대회를 개최하시며, 2년마다 대륙별로 총 8개 팀이 참가하는 세계최고 수준의 '클럽대항 토너먼트 축구대회'를 개최하기로 결정하셨습니다.

　바로 그 이듬해 2003년 피스컵 국제축구대회를 개최하면서 축구를 통한 세계평화의 대제전, 피스컵은 시작되었습니다. 2003년 1회 대회를 시작으로 2012 피스컵 축구대회까지 5회와 2006년 제1회 대회를 시작하여 2010년까지 3회에 걸쳐 피스퀸컵 대회를 개최함으로써 한국의 축구발전을 위하여 지대한 기여를 하였으며, 세계적으로도 명성 있는 축구대회가 되어 '피스컵 브랜드' 라는 이미지는 축구계에 확고한 위상을 정립하였습니다.

　매 대회마다 피스컵 국제축구대회에 참여하는 세계 유명 클럽과 스타선수들의 참가가 축구팬들의 뜨거운 관심거리가 되었고, 문선명 총재는 항상 피스컵이 월드컵을 능가하는 대

회가 되기를 바라셨습니다. 말씀에 따라 피스컵 대회는 횟수
를 거듭할수록 세계 유수의 클럽들이 참가하기를 희망하고
고대하는 대회가 되어갔고, 대한축구협회는 물론 국제축구
연맹(FIFA)이 공식 인정하는 대회가 되었습니다.

## 축구와 인류의 평화는 잘 어울리는 한 쌍의 파트너

문선명 총재의 자서전『평화를 사랑하는 세계인으로』
에는 피스컵을 창설하게 된 배경을 다음과 같이 서술하
고 있다.

"축구는 승부를 겨루는 경기지만 국가 간의 평화와 협
력증진에도 큰 힘을 미칩니다. 전세계 스포츠인들의 잔
치인 올림픽보다 월드컵 중계방송을 보는 사람들이 두
배나 많다고 하니 인류가 축구를 얼마나 좋아하는지 알
수 있습니다. 굴러가는 공 하나를 놓고 나라와 인종, 종
교, 문화를 넘어선 화합의 장을 만드는 힘이 축구에 있습
니다. 축구와 인류의 평화는 잘 어울리는 한 쌍의 파트너
입니다. 브라질의 체육부장관까지 지낸 축구황제 펠레가

한남동의 우리 집을 찾은 적이 있습니다. 사람들은 펠레를 세계 최고의 축구 선수로 기억하지만, 내가 만난 그는 훌륭한 평화 운동가였습니다. 그가 축구를 통해 이루고자 하는 것이 바로 세계평화였기 때문입니다. 나를 만난 펠레는 활짝 웃으며 말했습니다. '예전에 아프리카 가봉에서 축구경기를 치른 적이 있는데, 당시 그곳은 전쟁 중이었습니다. 폭탄이 쏟아지는 속에서 어떻게 경기를 했을까요? 고맙게도 축구를 하는 동안은 휴전을 했습니다. 저는 그때 축구가 단순히 공을 가지고 뛰는 스포츠만이 아니라는 사실을 절실하게 깨달았습니다. 축구는 세계평화를 만들어 가는 인류 공통의 훌륭한 수단입니다. 그 이후 저는 축구를 통해 세계평화운동을 해야겠다고 다짐했습니다.' 펠레선수가 얼마나 멋있어 보이던지 나는 그의 손을 덥석 잡았습니다."

문선명 총재의 축구섭리로 진행되었던 '피스컵 국제축구대회'는 돈이 있다고 해서 할 수 있는 대회는 아니었다. 돈으로 할 수 있는 대회였다면 삼성이나 현대, 대형 기독교 등의 종교단체에서도 할 수 있었을 것이다. 인류의 화합과 세계평화를 실현하고자 하시는 하늘의 섭리였기에 가능했다. 돈이 있어 가능한 대회가 아닌 꿈과 섭리가 있어 가능한 대회였다.

**축구섭리의 꽃, 피스컵의 가치와 의미는 영원히**

김기복 국장은 그 후 '보고 기도회'를 통해 피스컵 대회 개최 상황을 이렇게 들려준다.

10년이란 짧은 기간이었지만, 피스컵은 세계적인 국제축구대회로 자리매김하였고 국제축구연맹(FIFA)에서 공식인정하는 대회로서 성공한 축구섭리였습니다. 피스컵축구대회를 통해 참부모님은 서울 월드컵경기장에서 6만여 관중을 향하여 그 용안을 과시하셨고, TV생중계를 통하여 전세계로 참부모님의 모습이 소개되었습니다. 그 횟수가 8회나 되었습니다. 어느 대회, 어느 행사에서 이런 효과가 가능했을까요?

문선명·한학자 총재는 피스컵을 통하여 종교인이기 전에

축구인, 평화를 사랑하는 축구인으로 세계인들에게 각인되었습니다. 많은 축구인들이 참아버님의 성화를 깊이 애도할 수밖에 없는 이유는 어느 성인이 또 이와 같이 축구발전을 위하여 헌신적인 노력과 투자를 하실 수 있을까 하고 안타까워하기 때문일 것입니다.

"세계평화를 이루시고 축구를 사랑하신 총재님! 길이 기억하겠습니다."(싸카스포츠 회장 오정석)

"대한민국 축구발전과 피스컵을 통해 세계평화에 기여하심을 오래 기억하겠습니다."(대한축구협회 회장 조중연)

문선명 총재는 지난 2012년 7월 19일, 수원월드컵경기장에서 4만 여명이 모인 가운데 피스컵 개막을 선언하셨고, 7월 22일 독일의 함부르크에게 우승트로피를 시상하셨습니다. 그 후 43일이 지난 9월 3일 성화하시어 천상으로 떠나셨습니다. '2012피스컵대회'가 문선명 총재 생전에 대외적인 행사로는 마지막 행사가 되었습니다.

그렇게 우렁차던 목소리, 푸른 잔디의 그라운드에 걸어 나오셔서 우승트로피를 전달하시는 건강하셨던 모습이었기에 더욱 그리움으로 남습니다. 축구를 사랑하시던 문선명 총재의 사상과 철학 그리고 축구를 통한 평화세계의 꿈은 우리들 가슴속에라도 영원히 간직되었으면 좋겠습니다. 총재님! 사랑하옵니다.

## 축구황제 펠레 문선명 총재에게 큰 절

문선명 총재의 축구사랑은 남달랐다. 문총재는 김흥태 브라질 소로카바 클럽 구단주의 안내로 축구황제 펠레를 뉴욕 이스트가든에 초대하여 격려하였다. 당시 펠레는 문총재를 '아버님'이라고 부르며 큰 절을 올리고 존경심을 보였다.

문총재는 결국 펠레가 앞장서서 지지하는 가운데 브라질 상파울루 주에 있던 프로축구팀 '소로카바 클럽'을 인수하여 브라질리그 우승까지 달성하는 쾌거를 올리도록 지원했다. 이러한 바탕 위에서 세계적인 프로클럽축구대회인 피스컵을 성공적으로 개최할 수 있었다.

## 브라질 소로카바 클럽 인수

한국인으로서 세계 축구의 심장부인 브라질에서 프로 축구 구단을 운영하고 있는 김흥태 구단주(전 가정연합 의정부교회 목사)는 2000년 문선명 총재의 지시를 받고 소로카바 클럽을 인수했다.

가정연합 내부에서조차 "왜 머나먼 브라질에 가서 축구클럽을 운영해야 하느냐"는 반대가 있었지만 "축구로 평화운동을 하기 위해서는 축구의 심장부에 들어가야 한다"는 문선명 총재의 뜻을 받들어 클럽을 인수하게 됐다.

당시 가정연합은 상파울루주 A그룹 3부 리그에 속해 있던 소로카바 클럽을 '단돈' 200만달러에 인수했다. 소로카바 클럽은 인수 후 A그룹 2부, 1부 리그로 연달아 승격하는 선전을 했고 2008년에는 1, 2, 3부 리그 통합 챔피언을 뽑는 결승전에서 킨지 피라시카바를 접전 끝에 4대 3으로 물리치고 우승컵을 안는 깜짝쇼도 펼쳤다.

27개 주로 나눠져 있는 브라질에서 프로축구 리그는 주마다 비슷한 형태로 운영된다. 주마다 리그를 형성하

는 A, B, C 그룹이 있고 각 그룹은 다시 1, 2, 3부로 나
뉜다. 인구 4000만 명인 상파울루 주의 A그룹에만 60개
의 클럽이 있고, 브라질 전체로는 약 6000개의 클럽이
이러한 시스템 하에서 리그전을 치르고 있다. 클럽 평균
30명의 선수만 잡아도 18만 명의 프로선수들이 북적이
는 셈이다.

클럽 간 경쟁이 치열하다 보니 리그 승격도 하늘의 별
따기다. B그룹에서 A그룹으로 올라서는 데 한 20년이
걸리고, 그룹 내에서 3부에서 2부 리그로 올라가는 데
또 한 7년이 걸린다. 소로카바의 경우 통일교 인수 후 3
년 만에 3부에서 1부 리그로 올라서는 특별한 기록을 쌓
았다는 게 김 구단주의 설명이다.

프로클럽들의 주 수입은 선수 이적료이다. 광고·중계
료, 티켓 판매료 등의 수입도 있지만 잘 키운 선수 한 명
을 제대로 거래하면 구단 전용구장 하나를 지을 돈이 생
긴다.

김 구단주는 "프로클럽은 보통 25~30명의 이사들을
두고 있는데 인프레자로 불리는 일종의 스카우터들"이

라며 "이들은 자기가 찾아낸 선수들을 클럽에서 뛰게 하고 클럽이 좋은 성적을 내고 주가가 치솟으면 자기가 키운 선수들을 판다"고 했다.

클럽에서 뛰는 선수들은 보통 1년 단위로 계약을 맺어 시즌이 끝나면 해산하고 다시 선수를 뽑는 게 보통이다. 클럽마다 자기 비즈니스를 하는 이사들이 주축을 이루다 보니 클럽 자체에 대한 투자는 상대적으로 저조한 편이라고 한다. 소로카바가 통일교 인수 후 단기간에 좋은 성적을 낼 수 있었던 것도 개인주의가

만연한 브라질 프로축구계의 풍토에서 이례적으로 집중적인 투자를 했기 때문이라는 설명이다.(조선일보 정장열 부장대우, 재인용)


## 원구(圓球) 피스컵 축구대회 창설


문선명·한학자 총재는 2002 한·일 월드컵이 개최된 해에 피스컵 축구대회 창설을 지시하였고, 2년마다 대륙별로 총 8개 팀이 참가하는 '클럽대항 토너먼트 축구대회'

를 개최하기로 결정했다.

2003년 1회 대회를 시작으로 2012년까지 5회 대회를 성공적으로 개최했으며, 한편 2006년 제1회 대회를 시작하여 2010년까지 3회에 걸쳐 '피스퀸컵' 대회도 열게 했다. 문총재가 성화한 2012년 대회를 끝으로 피스컵은 막을 내렸다.

서울올림픽 개최 다음 해인 1989년에 창단된 '일화(一和)천마축구단'은 정규리그 7회(1993년-1995년, 2001년-2003년, 2006년) 우승을 했으며, 아시아챔피언스리그 2회 우승 등 최고의 성적을 거두었고, 2002 월드컵 4강 신화의 견인차가 되었다.

일화축구단은 2013년 12월 성남시에 무상으로 기증되었으며, 이름도 '성남일화천마축구단'으로 개칭되었다. 당시 재산가치 350억원으로 평가되었다.

세계적인 축구대회를 창설하고 지원을 아끼지 않았던 까닭은 축제를 통해 세계문화예술체육의 통일과 화합, 그리고 지구촌 평화에 한 걸음 더 다가갈 수 있음을 문선명·한학자 총재께서 확신하고 있었기 때문이다.

스포츠·예술을 통한 평화세계 실현을 위한 아이디어와 실천은 지금도 계속 되고 있다. 앞으로 신통일한국과 신통일세계를 안착시키는 데 스포츠 관계자와 예술인의 역할이 점점 더 중요해질 것이다.

# 참고문헌

姜信杓, 존. 맥커룬

_____, 1990 '우리 나라' 한국의 민족주의, 서울올림픽 그리고 현대인류학 '화합을 통한 하나의 세계' pp135 - 175 서울올림픽기념 국민체육진흥공단

김기복, 2007, "피스컵의 섭리적 의의와 축구를 통한 평화운동의 방향성 에 관한 소고" 재단법인 선문평화축구재단.

김복희, 2010, "古代그리스 경기와 犧牲祭儀", 『체육사학회지』(15집).

김종기외 4인 공저, 1987, 『서울올림픽의 의의와 성과』, 서울: 한국개발연구원.

김종기외 4인 공저, 1989, 『Impact of the Seoul Olympic Games on National Development』, 서울: 한국개발연구원.

김택규, 1980, 『한국 민속문예론』, 서울: 一潮閣

_____, 1990, "사상 최대의 굿, 올림픽: 서울올림픽의 한국적 의미",『화합을 통한 하나의 세계』1, 서울올림픽 기념국민체육공단, pp.435~439.

로버트 A. 메키코프, 스티븐 G. 에스테스(김방출 역), 2005,『스포츠와 체육의 역사·철학(A History and Philosophy of Sport and Physical Education)』, 서울: 도서출판 무지개사.

박성용, 2010,「지역전통지식의 의미구성과 실천전략」,『민속학연구』26, 국립민속박물관, pp. 35-51.

박정진, 1990,『韓國文化 心情文化』, 서울: 미래문화사.

_____, 1992,『한국문화와 예술인류학』, 서울: 미래문화사.

_____, 2010a,『굿으로 보는 백남준 비디오아트 읽기』, 서울: 한국학술정보.

_____, 2010b,『성(性)인류학』, 서울: 이담북스.

_____, 2016,『평화는 동방으로부터』, 서울: 행복한에너지.

_____, 2022, 『신(神)통일한국론과 하나님주의(Go-dism)』, 서울: 신세림출판사.

선학역사편찬원, 「피스컵 관련 실록 목록」.

세계평화통일가정연합, 2013, 『천성경(天聖經)』, 서울: 성화출판사.

손병호, 2006, "신사회운동으로서의 국제스포츠 피스컵 연구" 선문대학교 신학전문대학원 박사학위논문.

유교사편찬위원회(편), 1990, 『儒教大事典』, 서울: 博英社.

이창익, 2004,, 『종교와 스포츠·몸의 테크닉과 희생제의』, 서울: 삼림출판사

조흥윤, 1983, 『한국의 巫』, 서울: 정음사.

_____, 1990, 『巫와 민족문화』, 서울: 민족문화사.

최종균·김종필, 2016, "동양무예수행에 있어서 비언어적(非言語的) 수련체계의 의미", 『대한무도학회』, 18(3): pp.47~48.

최 협, 1990, "서울올림픽과 올림픽의 이상: 사회적 건
  강, 집단, 화합 그리고 국제적 이해"『화합을 통한
  하나의 세계』1, 서울올림픽기념국민체육진흥공단.
요한 하위징아(이종인 역), 2010, 『호모 루덴스(Homo
  Ludens』, 고양: 연암서가.
宮本德藏, 2009, 『力士漂白』, 講談社文藝文庫.


Kuhn H. "Die Ontogenese der Kunstin" : Festschr
  f. H. Sedlmayr(Munchen 1962)s. 13 - 55 재록
  in : Das sein unt das Gute(Munchen 1962) S.
  363 - 416.
조선일보
네이버 지식백과
나무위키

# 축제와 평화

**초판인쇄**  2022년 11월 20일   **초판발행**  2022년 11월 25일

지은이  **박정진**
펴낸이  **이혜숙**   펴낸곳  **신세림출판사**
등록일  **1991년 12월 24일 제2-1298호**

04559 서울특별시 중구 퇴계로49길 14,
        충무로엘크루메트로시티2차 1동 720호
전화 02-2264-1972   팩스 02-2264-1973
E-mail : shinselim72@hanmail.net
        shinselim@naver.com

정가  **15,000원**

ISBN  978-89-5800-255-0, 03100